SIDDHARTA LEGALE
MATHEUS ZANON
THAINÁ MAMEDE
(ORGS)

EFEITOS DA DENÚNCIA DA CONVENÇÃO AMERICANA DE DIREITOS HUMANOS E DA ORGANIZAÇÃO DOS ESTADOS AMERICANOS:

Rio de Janeiro

2020

GLOSSÁRIO

CADH – Convenção Americana de Direitos Humanos

CDI – Carta Democrática Interamericana

CIDH – Comissão Interamericana de Direitos Humanos

CIPPT – Convenção Interamericana para Prevenir e Punir a Tortura

CORTE IDH – Corte Interamericana de Direitos Humanos

CVDT – Convenção de Viena sobre o Direito dos Tratados

DADDH – Declaração Americana de Direitos e Deveres do Homem

OEA – Organização dos Estados Americanos

ONU – Organização das Nações Unidas

TIAR – Tratado Interamericano de Assistência Recíproca

TPI – Tribunal Penal Internacional

SUMÁRIO

NOTA PRÉVIA

Siddharta Legale[1]

Matheus Zanon[2]

1.   O presente livro é produto de um esforço coletivo na área do direito, ao reunir equipe de 10 professores, pesquisadores e alunos da UFRJ, UERJ e UFF, sob a Coordenação do Professor e Coordenador da Clínica IDH – UFRJ, **SIDDHARTA LEGALE,** e do acadêmico e monitor de direito constitucional, **MATHEUS ZANON,** listados a seguir:

2.   **CAROLINA CYRILLO** (Professora de Direito Constitucional da Universidade de Buenos Aires e da Faculdade Nacional de Direito da Universidade Federal do Rio de Janeiro (FND-UFRJ). Coordenadora do NIDH-FND. Advogada.);

3.   **RAPHAEL CARVALHO DE VASCONCELOS** (Professor Titular de Direito Internacional da UERJ. Professor Adjunto de Direito Público da UFRRJ.);

4.   **JEAN PONTES** (Professor Substituto de Direito Internacional da UFRJ. Mestre em Direito Internacional pela UERJ. Advogado.);

5.   **DANILO SARDINHA** (Monitor de Direito Constitucional. Acadêmico de Direito da FND-UFRJ.);

6.   **GABRIEL MATTOS** (Monitor de Direito Constitucional. Acadêmico de Direito da FND-UFRJ.);

7.   **GIULIA MAIA** (Monitora de Direito Constitucional. Acadêmica de Direito da FND-UFRJ.);

8.   **JULIA GOROMAR** (Monitora de Direito Internacional Público. Acadêmica de Direito da UFF.);

9.   **MATHEUS BALDI** (Bacharel em Direito pela UFF.);

10.   **NICOLAU MALDONADO** (Monitor de Direito Internacional Público. Acadêmico de Direito da FND-UFRJ.);

11.   **TAYARA CAUSANILHAS** (Monitora de Direito Constitucional.

---

[1] Professor Adjunto de Direito Constitucional e Direitos Humanos da FND-UFRJ. Pós-doutorando e Doutor em Direito Internacional pela UERJ. Mestre em Direito Constitucional e Bacharel pela UFF. Coordenador do Núcleo Interamericano de Direitos Humanos, da Casoteca e da Clínica Interamericana de Direitos Humanos da UFRJ. Advogado. E-mail: siddhartalegale@hotmail.com.

[2] Acadêmico da FND-UFRJ. Membro da Clínica Interamericana de Direitos Humanos da UFRJ. E-mail: matheus.zgc@gmail.com.

Acadêmica de Direito da FND-UFRJ.).

12.

13.   A obra resulta, originalmente, de uma produção técnica, um memorial da **Clínica Interamericana de Direitos Humanos** (Clínica IDH UFRJ)[3] do Núcleo Interamericano de Direitos Humanos (NIDH)[4] da Faculdade Nacional de Direito (FND) da Universidade Federal do Rio de Janeiro (UFRJ). O memorial foi apresentado na Corte Interamericana de Direitos Humanos (Corte IDH), que realizou, entre os dias 15 e 17 de junho de 2020, a primeira audiência pública 100% *online* da sua história.

14.   Por isso, a construção dessa obra é um tanto atípica ou inusual no âmbito do direito. Por um lado, cada pergunta e cada parte do memorial contou com a contribuição efetiva e redação original de cerca de duas ou três pessoas. Por outro lado, o texto foi suprimido, modificado e complementado inúmeras vezes nas redações posteriores pelos coordenadores e responsáveis pela entrega da versão final. Nesse momento, auxiliaram substancialmente na organização do livro, **THAINÁ MAMEDE** e **ALISSA ISHAKEWITSCH.** A primeira que, atualmente, também coordena a Clínica IDH da UFRJ, e a segunda, que é Diretora do Setor de Publicações, tendo realizado a arte e a revisão do texto final.

15.   Dessa forma, a obra não se enquadra nem nos moldes de uma coletânea, em que há uma fronteira claramente definida em relação a quem escreveu um capítulo específico, tampouco pode ser definida tal qual uma obra monográfica, cujas diretrizes editoriais no âmbito jurídico costumam restringir ao limite máximo de três autores. Ainda assim, subversivo aos modelos ortodoxos tradicionais, o livro existe e tornou-se um inusual *e-book* – com a esperança de que venha a dar um sopro de vida às atividades da Clínica IDH da UFRJ.

16.   Nessa audiência pública, para a qual se produziu o memorial que originou o presente livro, foram ouvidos, além de representantes de quatro Estados[5] e da Comissão Interamericana de Direitos Humanos (CIDH), também setores da sociedade civil, grupos de pesquisa universitários e diversas Clínicas de Direitos Humanos, sobre o pedido de Opinião Consultiva n. 26, formulado pelo Estado da Colômbia, acerca das "Obrigações em matéria de direitos humanos de um Estado que denunciou a Convenção Americana de Direitos Humanos (CADH) e que tenta retirar-se da OEA".

17.   Essa primeira audiência pública totalmente virtual da Corte IDH possui – cabe enfatizar – uma profunda transcendência histórica. Em primeiro lugar, ela foi liderada pela segunda mulher a tornar-se presidente da Corte IDH, a Juíza

---

[3] Para mais detalhes sobre a atuação da Clínica interamericana de Direitos Humanos da FND/UFRJ: <https://instabio.cc/clinicaidhufrj>.

[4] Para mais detalhes sobre a atuação do Núcleo Interamericano de Direitos Humanos da UFRJ: <www.nidh.com.br>.

[5] EUA, Brasil, Honduras e Nicarágua.

costa-riquenha Elizabeth Odio Benito. E, em segundo lugar, nem mesmo em outros momentos críticos no continente americano, um Estado cogitou denunciar a Carta da OEA e retirar-se dessa organização. Além disso, em toda sua história, há somente três casos de denúncia à CADH: Trinidad e Tobago, Peru e Venezuela.

18.   Os argumentos constantes do memorial escrito, enviado em setembro de 2019, foram apresentados oralmente pela Clínica IDH da UFRJ em 17 de junho de 2020. Essa síntese servirá de nota prévia ao presente livro para dar uma visão do todo da pesquisa realizada e apresentada, que foi dividida em duas partes:

   (i)   os fundamentos teóricos de sua manifestação; e

   (ii)   respostas às perguntas formuladas pelo Estado da Colômbia para esclarecer os efeitos da referida denúncia, as obrigações dos Estados restantes e as medidas que podem ser adotadas por eles.

19.   A Opinião Consultiva e a audiência pública em questão não possuem o objetivo de se debruçar sobre casos concretos do contencioso da Corte Interamericana de Direitos Humanos. Esse não é o papel das Opiniões Consultivas ou das audiências públicas no Sistema Interamericano. Ainda assim, é inegável a importância desse tema diante da denúncia efetivada pelo Estado da Venezuela à CADH (2012) e da denúncia/tentativa de denúncia à Carta da OEA (2017).

20.   Assista a participação da Clínica IDH no nosso Canal no YouTube:

21.   - *Siddharta Legale* https://www.youtube.com/watch?v=HcdOe1jjOQc

22.   —*MatheusZanon:* https://www.youtube.com/watch?v=LjIj5D4pKcI

Fundamentos teóricos adotados no memorial

23.   Na primeira parte, a Clínica IDH da UFRJ defendeu que a CADH se elevou a parâmetro de validade por um processo informal de transformação do seu sentido, que denominamos de mutação convencional, operado por um desenvolvimento progressivo do direito internacional (art. 26 da CADH). A CADH transformou-se em uma **Constituição Interamericana** de caráter costumeiro que funciona como um "atracadouro de fontes do direito internacional", de modo que alguns dispositivos de outros tratados, costumes e princípios de direito internacional, em especial as obrigações *erga omnes* e as normas de *jus cogens,* aportam conteúdos novos de forma dinâmica no processo de interpretação dessa Convenção[6].

24.   Essas normas são obrigatórias contra ou a despeito da vontade do Estado, conforme defende Christian Tomuschat em seu curso de Haia de 1993[7]. Nesse sentido, há direitos exigíveis que não podem ser suspensos por possuírem base costumeira, sendo o costume também fonte do direito internacional, nos termos do art. 38 do Estatuto da CIJ, não importando a denúncia da CADH ou da Carta da OEA.

25.   Ainda na primeira parte, também defendemos que, por meio de um processo de mutação convencional de base costumeira, a **Corte Interamericana de Direitos Humanos transformou-se em um Tribunal Constitucional transnacional**, cuja função, em sua moderna acepção, é a defesa da democracia (art. 23 da CADH), das regras do jogo e dos grupos vulnerabilizados (art. 24) por políticas públicas estatais que violam os direitos humanos, em profundo descompasso com esse Sistema Interamericano de Direitos Humanos (SIDH)[8].

Respostas aos questionamentos da Solicitação de Opinião Consultiva da Corte IDH

---

[6] LEGALE, Siddharta. La Constitución Interamericana: los 50 años de la Convención Americana de Derechos Humanos en la jurisprudencia de la Corte Interamericana de Direitos Humanos. *XLVI Curso de Direito Internacional da OEA*, 2019. Disponível em: <http://www.oas.org/es/sla/ddi/publicaciones_digital_XLVi_curso_derecho_internacional_2019.asp>.

[7] TOMUSCHAT, Christian. Obligations arising for states without or against their will. *Recueil des cours*, vol. 241 (1993-IV), pp. 195-374.

[8] LEGALE, Siddharta. *A Corte Interamericana de Direitos Humanos como Tribunal Constitucional.* Rio de Janeiro: Lumen Juris, 2019.

26.   Considerando esses fundamentos teóricos, ainda havia a necessidade de resposta objetiva às perguntas formuladas pelo Estado da Colômbia no âmbito da Solicitação de Opinião Consultiva n. 26.

Quais efeitos têm para o Estado denunciante da OEA?

27.   O Estado que denuncia a CADH tem alguns limites, nos termos do art. 78 da CADH[9], na utilização dessa prerrogativa. Esses limites devem ser interpretados tendo em consideração o objeto e a finalidade desse tratado internacional, especialmente no que tange à interpretação *pro persona*. São eles:

(i)   *limite temporal*: o prazo de cinco anos da entrada em vigor da CADH;

(ii)   *limite procedimental*: notificação do secretário-geral da OEA com antecedência de um ano e informar aos demais Estados Partes; e

(iii)   *limite material*: a impossibilidade de desvincular-se das obrigações e das responsabilidades decorrentes de violações à CADH antes da produção dos efeitos da denúncia.

28.   Além disso, a própria Corte IDH possui jurisprudência firme no que tange às obrigações e efeitos ao Estado denunciante. Nos casos Tribunal Constitucional vs. Peru (2001), Hilaire, Constantine e Benjamin e outros vs. Trinidad e Tobago (2002), e López Soto vs. Venezuela (2018), a Corte IDH declara e exige:

(i)   (i) o respeito às obrigações passadas, sob a vigência CADH, para que sejam mantidos regularmente os processos iniciados que, tampouco, podem ser afetados durante o período de moratória da denúncia. Nesse ponto, destaca-se o caso Hilaire, Constantine e Benjamin e outros vs. Trinidad e Tobago (2001-2002)[10], em que a Comissão Interamericana de Direitos Humanos apresentou o caso um dia antes da denúncia de Trinidad e Tobago à CADH produzir efeitos, confirmando a jurisdição desse órgão sobre as violações anteriores à denúncia e, inclusive, sobre suas consequências posteriores ou sobre as obrigações de trato sucessivo[11], mesmo que se manifestem em data

---

[9] ALMEIDA, Raquel. Comentários ao art. 78. In: LEGALE, Siddharta; VASCONCELOS, Raphael; VAL, Eduardo Manuel; GUERRA, Sidney (Orgs). *Comentários à convenção americana de direitos humanos: Pacto de São José da Costa Rica*. Curitiba: Instituto Memória, 2019. LEGALE, Siddharta. *A Corte Interamericana de Direitos Humanos como Tribunal Constitucional*. Rio de Janeiro: Lumen Juris, 2019.

[10] Corte IDH, *Caso Hilaire vs. Trinidad e Tobago*, Exceções preliminares, Sentença de 1º de setembro de 2001, §1º e 28º; Corte IDH, *Constantine e outros vs. Trinidad e Tobago*, Exceções preliminares. Sentença de 1º de setembro de 2001, §28º; Corte IDH, *Hilaire, Constantine e outros vs. Trinidad e Tobago*. Fundo, reparações e custas, Sentença de 21 de junho de 2002, §13º.

posterior.

(ii)   (ii) a denúncia da CADH ou da Carta da OEA não opera efeitos imediatos. Há um prazo em que o Estado permanece vinculado e obrigado a implementar os deveres assumidos anteriormente, nos termos do art. 78 da CADH e da jurisprudência consolidada nos casos Ivcher Bronstein vs. Peru (1999)[12] e Tribunal Constitucional vs. Peru (1999)[13];

(iii)   (iii) a competência dessa Corte para conhecimento do caso, quando sua base fática data de momento anterior à denúncia da CADH, como decidido no recente caso López Soto vs. Venezuela (2018)[14];

(iv)   (iv) é possível exigir, antes ou depois dos efeitos da denúncia, o respeito às normas costumeiras de caráter imperativo de direito internacional (*jus cogens*), exigíveis contra ou a despeito da vontade do Estado, tais como a vedação do uso da força, a solução pacífica de controvérsias e a igualdade ou não discriminação.

29.   O Estado denunciante está obrigado ao cumprimento das normas peremptórias apontadas pela jurisprudência dessa Corte que incidem sobre o acesso à justiça, Blake vs. Guatemala (1998), a proibição da escravidão, caso Aloeboetoe vs. Suriname (1993), tortura física e psicológica, Maritza Urrutia vs. Guatemala (2003), desaparecimentos forçados, Goiburu vs. Paraguai (2006), execuções extrajudiciais, caso Irmãos Gómez Paquiyauri vs. Peru (2004), tratamento desumano, caso Ximenes-Lopes vs. Brasil (2006), crimes contra a humanidade, Almonacid Arellano vs. Chile (2006).

30.   Ademais, destaca-se que, mesmo diante da denúncia da CADH, as obrigações em matéria de direitos humanos do Estado denunciante mantêm-se incólumes se derivadas da Declaração Americana de Direitos e Deveres do Homem (DADDH) e de outros tratados internacionais firmados por esse Estado.

Quais obrigações dos restantes Estados da OEA para tornar efetivas tais obrigações?

---

[11] Corte IDH, *Caso Velásquez Rodríguez vs. Honduras*. Mérito, Sentença de 29 de julho de 1988.

[12] Corte IDH, *Caso Ivcher Bronstein vs. Peru,* Competência. Sentença de 24 de setembro de 1999, § 34.

[13] Corte IDH, *Caso* Tribunal Constitucional vs. Peru, Competência. Sentença de 24 de setembro de 1999. §36, 40º, 41º e 54º.

[14] Corte IDH, *Caso López Soto e outros vs. Venezuela*, Fundo, reparações e custas. Sentença de 26 de setembro de 2018.

31.   A Carta da OEA é um tratado-constituição, configura-se um tratado multilateral de natureza especial. Tanto é assim que todos os Estados da América fazem parte da OEA. No máximo, Estados foram suspensos, como é o caso de Cuba por um longo período, ou como a República Dominicana e Honduras por períodos mais curtos[15]. Para que, nesse contexto de denúncia, sejam efetivas as obrigações decorrentes da Carta da OEA, seus Estados membros dispõem dos seguintes mecanismos:

(i)   excluir o Estado denunciante dos espaços de deliberação da OEA;

(ii)   cobrar a implementação de solução pacífica de controvérsias e de uma cooperação internacional, tais como os bons ofícios, mediação, arbitragem e as soluções quase judiciais, como os relatórios sigilosos e públicos da CIDH. No último caso, a CIDH pode deferir medidas cautelares em caso de urgência, gravidade e riscos de danos irreparáveis;

(iii) em caso de ameaça da paz da região, para fazer valer o respeito às obrigações da Carta da OEA e da CADH, podem, em *ultima ratio*, apelar ao Conselho de Segurança da ONU.

Que obrigações em matéria de direitos humanos têm os demais Estados membros da OEA?

32.   Os Estados têm a obrigação de garantir a paz e a segurança do continente americano, nos termos do art. 2 da Carta da OEA. Devem, para tanto, trabalhar para o desenvolvimento integral por meio de uma cooperação interamericana bilateral e multilateral, no sentido de evitar violações aos direitos humanos no Estado que denunciou a CADH e a Carta da OEA.

33.   É importante destacar que essa obrigação não lhes confere o direito de realizar uma intervenção direta de um Estado no Estado denunciante, tampouco confere tal direito à própria OEA no referido país, nos termos do art. 19, 20, 28 e 29 da Carta da OEA.

34.   Como defendem Jimenez de Aréchaga[16] e Jean Michel Arrighi[17] nos

---

[15] ARRIGHI, Jean Michel. *La OEA y el Derecho Internacional*. México: Editorial Porrua, 2015, p. 68-9.

[16] ARÉCHAGA, Eduardo Jiménez de. La coordination des systemes de L'ONU et de l'Organisation des États Américains pour le reglement pacifique des différends et la sécurité collective. *Recueil des cours*, vol. 111, 1964, p. 453 e ss.

[17] ARRIGHI, Jean Michel. OEA – Organização dos Estados Americanos. São Paulo: Manole,

Cursos proferidos na Academia de Direito Internacional de Haia, os Estados e a OEA não podem lançar mão da intervenção armada ou de um sistema coletivo. Segundo os autores, a competência é exclusiva e pertence ao Conselho de Segurança das Nações Unidas. Os Estados poderiam, contudo, acionar e apoiar esse sistema de segurança coletiva.

35.   Os Estados podem, também, exigir o respeito aos demais tratados de direitos humanos não denunciados pelo Estado e apoiar os seus respectivos órgãos de controle que realizam a proteção do indivíduo, como, por exemplo, a Convenção de Combate à Tortura (1986), a Convenção de Belém do Pará (1994) e a Convenção contra o Desaparecimento Forçado (1994).

36.   Antônio Augusto Cançado Trindade defende tanto no Curso de Haia de 1986[18] quanto no mais recente de 2005[19], o advento de um novo direito das gentes (*jus gentium*) a exigir uma coordenação e harmonização entre os diversos sistemas universal, regional e nacional de proteção de direitos humanos que se expandiram no pós-guerra, criando uma nova percepção do direito internacional.

De quais mecanismos dispõem os Estados membros da OEA para tornar efetivas tais obrigações? A que mecanismos de proteção internacional de direitos humanos podem acudir as pessoas sujeitas à jurisdição do Estado denunciante?

37.   Embora não seja cabível a intervenção direta por parte do Estado ou por parte da OEA, os Estados americanos podem oferecer a cooperação internacional, porque, nesse novo direito internacional, o ser humano tornou-se sujeito de direito internacional.

38.   Pedro Nikken, ex-presidente da Corte IDH, possui um livro clássico[20] no qual defende que o desenvolvimento progressivo do art. 26 da CADH também exige: (i) a proteção mais específica de direitos; e (ii) o fortalecimento dos órgãos de controle.

39.   No plano nacional, o indivíduo pode contar com a proteção diplomática do Estado, com o asilo político ou com o refúgio, entre outros mecanismos

---

2004, p. 64.

[18] CANÇADO TRINDADE, Antônio Augusto. Co-existence and co-ordination of mechanisms of international protection of Human Rights: (at global and regional levels). *Recueil des cours*, t. 202, 1987.

[19] O Curso de Haia foi publicado como livro: CANÇADO TRINDADE, Antônio Augusto. *International law for humankind: towards a new jus gentium*. Second revised Edition, Leiden, Boston: The Hague Academy of International Law, Brill – Nijhoff, 2013.

[20] NIKKEN, Pedro. *La protección internacional de los Derechos Humanos y su Desarrollo Progresivo*. Madrid: IIDH, 1987.

humanitários que sirvam à proteção do ser humano.

40.　No plano universal, os Estados podem cooperar com indivíduos e organizações não governamentais dos cidadãos residentes no Estado denunciante da CADH ou da Carta da OEA ou, quando for o caso, acioná-lo diretamente, apoiando a defesa de direitos humanos e estimulando a sua proteção por meio de outros órgãos de controle.

41.　Nesse sentido, ainda que, em regra, estejamos acostumados a preocupar-nos em evitar a sobreposição de instâncias, diante da possibilidade de denúncia da CADH e da Carta da OEA, uma eventual denúncia deve estimular estratégias de diálogo interjurisdicional ou "intercomitês", ou seja, entre os órgãos de controle da aplicação do direito internacional para evitar que vazios institucionais deixem desprotegidos os direitos humanos no continente.

42.　Os indivíduos podem, observando os detalhes das regras de cada Comitê ou Tribunal Internacional, assim como a vinculação do Estado denunciante aos demais tratados, recorrer a Comitês e Tribunais internacionais como, de forma exemplificativa: (i) Comitê de Direitos Humanos; (ii) Comitê de Direitos Civis e Políticos e, ainda, Comitê de Direitos Econômicos, Sociais e Culturais; (iii) Comitê para Eliminação da Discriminação Racial e contra Mulheres; (iv) Comitê contra a Tortura; (v) Comitê sobre os Direitos da Criança; (vi) Comitê sobre Trabalhadores Migrantes e sobre Desaparecimentos Forçados; (vii) Comitê sobre os Direitos das Pessoas com Deficiência; e (x) Tribunal Penal Internacional.

43.　Portanto, compreendemos que, ainda diante da denúncia de um Estado à CADH ou à Carta da OEA, o desenvolvimento do direito internacional e de suas instituições de proteção, assim como o entendimento de que a pessoa humana se torna sujeito desse direito, permite que não haja lacunas à proteção em um momento crítico no continente americano.

44.　Essas foram as observações centrais apresentadas no memorial escrito e na sustentação oral da Clínica Interamericana de Direitos Humanos da UFRJ aos importantes questionamentos formulados pelo Estado da Colômbia na primeira audiência pública 100% virtual da Corte Interamericana de Direitos Humanos, que possui uma profunda transcendência histórica dentro do Sistema Interamericano de Direitos Humanos.

ASPECTOS GERAIS

45.   A Clínica Interamericana de Direitos Humanos é um projeto de extensão que integra o Núcleo Interamericano de Direitos Humanos da Faculdade Nacional de Direito da Universidade Federal do Rio de Janeiro (NIDH/UFRJ)[21], representada por seus coordenadores, desenvolvida em conjunto com seus professores pesquisadores, e por seus membros discentes, que subscrevem ao final este documento na qualidade de *amicus curiae*, em conformidade com o art. 64 da Convenção Americana de Direitos Humanos e com o art. 44 do Regulamento da Corte Interamericana de Direitos Humanos, dirige-se respeitosamente a esta Corte Interamericana de Direitos Humanos.

46.   A Clínica procurará responder aos questionamentos em duas partes. A primeira tratará das premissas teóricas adotadas, quais sejam: (1) a Convenção Americana de Direitos Humanos como uma Constituição Transnacional; (2) a Corte Interamericana de Direitos Humanos como um Tribunal Constitucional transnacional com a função de defesa e guarda da CADH, das regras do jogo democrático e dos grupos vulneráveis.

47.   A segunda parte, por sua vez, recorrerá aos tratados, costumes, princípios de direito internacional, assim como aos meios auxiliares de interpretação, em especial à jurisprudência da Corte Interamericana de Direitos Humanos, para delimitar as obrigações em matéria de direitos humanos que se impõem a um Estado que denunciou a Convenção Americana de Direitos Humanos e a Carta da OEA, seja para realizar a referida denúncia, seja durante a denúncia e, ainda, depois dela, visto que alguns dispositivos dos mencionados tratados são normas de *jus cogens* que, dado o seu caráter costumeiro, configuram normas que se impõem contra e a despeito da vontade manifestada explicitamente em uma Convenção[22].

48.   Mais especificamente, nessa segunda parte, procurar-se-á responder às questões formuladas pela República da Colômbia por ocasião da solicitação de Opinião Consultiva à Corte Interamericana de Direitos Humanos. São elas:

(i)   Quais são as obrigações em matéria de direitos humanos que tem um Estado membro da Organização dos Estados Americanos que denunciou a Convenção Americana de Direitos Humanos;

(ii)   No caso de tal Estado denunciar também a Carta da Organização dos

---

[21] Para mais detalhes sobre a atuação da Clínica interamericana de Direitos Humanos e do Núcleo Interamericano de Direitos Humanos da UFRJ: <www.nidh.com.br>.

[22] TOMUSCHAT, Christian. Obligations arising for states without or against their will / by Christian Tomuschat. *Recueil des cours*, Volume 241 (1993-IV), pp. 195-374.

Estados Americanos e buscar retirar-se da Organização, quais são os efeitos que tal denúncia e saída têm sobre as obrigações a que se refere a primeira pergunta?

(iii)   Quando surge um quadro de violações graves e sistemáticas dos direitos humanos que ocorra sob a jurisdição de um Estado das Américas que tenha denunciado a Convenção Americana de Direitos Humanos e a Carta da OEA,

A.   que obrigações em matéria de direitos humanos têm os demais Estados membros da OEA?

B.   de quais mecanismos dispõem os Estados membros da OEA para tornar efetivas tais obrigações?

C.   a que mecanismos de proteção internacional de direitos humanos podem acudir as pessoas sujeitas à jurisdição do Estado denunciante?

I.
PARTE 1 – PRESSUPOSTOS TEÓRICOS

I. A) CADH COMO UMA CONSTITUIÇÃO TRANSNACIONAL

49.   A Convenção Americana de Direitos Humanos é concebida, pela jurisprudência da Corte IDH, como *material normativo controlante, corpus juris* interamericano, bloco de convencionalidade, Constituição supranacional dos direitos humanos[23], *ius constitucionale commune*[24] ou simplesmente instrumento vivo, dinâmico e evolutivo, que é parâmetro de validade para a legislação e a atuação do Estado. É o que pode ser constatado, por exemplo, nos casos Villagrán Morales vs. Guatemala (1999), Pueblo Bello vs. Colômbia (2006), Ituango vs. Colômbia (2006) e Cabrera García e Montiel Flores vs. México (2010).

50.   Na prática, a CADH opera de modo muito semelhante a uma Constituição, desfrutando do que Eduardo Ferrer Mac-Gregor denominou de "Supremacia Convencional"[25], que projeta normas superiores – as de *jus cogens* em especial – que servem de parâmetro de validade às demais. Cabe o paralelismo com uma Constituição, especialmente se concebermos essa Constituição como costumeira, forjada pela prática reiterada em exigir seu cumprimento e pela *opinio juris* de sua vinculação, cujo descumprimento pelos que a assinaram enseja responsabilidade internacional. Superando a batalha terminológica relacionada ao processo de constitucionalização da CADH, o essencial é concebê-la como uma espécie de "atracadouro de fontes do direito internacional" ou de espinha dorsal, responsável por entrelaçar costumes, princípios e tratados de direitos humanos, como propõe Siddharta Legale[26].

51.   Note-se, ainda, outra função típica das Constituições: os demais tratados de direitos humanos devem ser interpretados a partir da normatividade da CADH. Em outras palavras, não só os costumes atracam na CADH, como também outros tratados. O direito à vida e à integridade física, previstos nos

---

[23] Ver voto concorrente do então juiz *ad hoc* Roberto Caldas no caso Gomes Lund e outros vs. Brasil (2010).

[24] Trata-se de um conceito desenvolvido por conta da cooperação entre o Max Planck Institute for Comparative Public Law e o International Law and Latin American experts (ICCAL), que atenta, principalmente, para a relação entre o bloco de constitucionalidade, um constitucionalismo latino-americano e a relação entre a Corte IDH e as Cortes Constitucionais. Cf. BOGDANDY, Armin von. Ius Constitutionale commune na América Latina. Uma reflexão sobre o constitucionalismo transformador. *Revista de Direito Administrativo n. 269*, 2015, p. 13-66.

[25] MAC-GREGOR, Eduardo Ferrer. El control difuso de convencionalidad en el estado constitucional   Disponível   em: <https://archivos.juridicas.unam.mx/www/bjv/libros/6/2873/9.pdf>.

[26] LEGALE, Siddharta. A Corte Interamericana como Tribunal Constitucional Transnacional. Rio de Janeiro: Rio de Janeiro: Lumen Juris, 2019.

arts. 4 e 5 da CADH, foram complementados pelo art. 17 do Protocolo II das Convenções de Genebra de 1949 que proíbe o deslocamento forçado de pessoas, notadamente no caso Mapiripán e Ituango vs. Colômbia (2006). A proibição da escravidão, prevista no art. 6 da CADH, foi complementada e mais bem definida no caso Ituango vs. Colômbia (2006). Variados direitos da criança, previstos no art. 19 da CADH, foram complementados com a Convenção de Direitos da Criança de 1989, como destacou o caso Mapiripán vs. Colômbia (2005). As garantias judiciais, previstas no art. 8 da CADH, passaram a incluir também o direito à assistência consular, previsto no art. 36 da Convenção de Viena sobre Relações Consulares, como um elemento imprescindível do próprio devido processo legal para que o processo esteja de acordo com os direitos humanos, na linha que foi decidido o caso Castillo Petruzzi vs. Peru (1999).

52.   Portanto, os direitos inerentes ao ser humano e ao sistema representativo de governo devem ser interpretados, como as normas de interpretação da própria CADH determinam, por meio de propostas que promovam o desenvolvimento progressivo (art. 26 da CADH)[27], localizem as normas mais favoráveis ao indivíduo como demanda o princípio *pro persona* (art. 29 da CADH)[28], restrinjam direitos apenas de acordo com a lei e em conformidade com a finalidade da CADH (art. 30 da CADH) e incluam outros direitos na proteção não previstos na CADH (arts. 31, 76 e 77 da CADH). A Convenção, portanto, prevê suas normas interpretativas para evitar que a CADH se deteriore.

53.   No âmbito interamericano, a CADH representa um verdadeiro atracadouro de fontes do direito internacional. Desse modo, a DADDH aporta na CADH, adquirindo força obrigatória que originalmente não possuía, como, inclusive, reconheceu a Corte IDH na Opinião consultiva n. 10 de 1989[29]. A Convenção Democrática Interamericana de 2001 também se amalgama à CADH, reforçando reciprocamente a proteção dos direitos políticos.

54.   Há uma relação intrínseca entre democracia e direitos humanos que não é uma exclusividade do Sistema Interamericano – sendo, na verdade, uma exigência do escopo do tema de direitos humanos. A Carta Democrática Interamericana de 2001 complementa e/ou reforça a normatividade da Convenção Americana de Direitos Humanos de 1969, em especial no art. 23,

---

[27] DESCHAMPS, Luiza. Comentários ao artigo 26 – desenvolvimento progressivo. In: LEGALE, Siddharta; VASCONCELOS, Raphael; VAL, Eduardo Manuel; GUERRA, Sidney (Orgs). *Comentários À Convenção Americana de Direitos Humanos*. Curitiba: Instituto Memória 2019, p. 231 e ss.

[28] CERQUEIRA, Cláudio. *Pro persona: conceito, aplicação e análise de casos da Corte IDH*. Rio de Janeiro: Multifoco, 2019.

[29] CERQUEIRA, Cláudio. A Opinião Consultiva n. 10/89 da Corte IDH: a força da Declaração Americana de Direitos e Deveres do Homem. *Casoteca do NIDH – UFRJ*. Disponível em: <https://nidh.com.br/a-opiniao-consultiva-n-10-da-corte-idh-a-forca-da-declaracao-americana-de-direitos-e-deveres-do-homem/>.

que assegura a participação nos negócios públicos, o sufrágio universal e igual, assim como o acesso às funções públicas.

55.   É nesse sentido que se deve reconhecer o profundo entrelaçamento normativo existente entre a CADH, a DADDH e a CDI. É possível perceber tal entrelaçamento apontando alguns direitos e dispositivos de cada um desses documentos. O preâmbulo da CADH afirma, em seu primeiro parágrafo, o propósito de consolidar no continente, "dentro do quadro das instituições democráticas", um regime de liberdade, justiça social e respeito aos direitos humanos. Os direitos de liberdade de reunião e associação são previstos com as restrições cabíveis em uma "sociedade democrática" nos arts. 15 e 16 da CADH. Os direitos políticos pressupõem "eleições periódicas autênticas" que assegurem a livre expressão dos eleitores por meio do sufrágio universal, nos termos do art. 23 da CADH. Essa ligação íntima entre democracia e direitos humanos também está presente em outros documentos da OEA, que podem comprovar a existência dessa relação desde 1959, como a Declaração de Santiago, que considera o exercício efetivo da democracia representativa um princípio fundamental do Direito Internacional Americano, e, posteriormente, a Resolução 991, que determina que o respeito aos direitos humanos é necessário para o estabelecimento de sistemas democráticos. Em outras palavras, para a construção da democracia, há de se garantir mecanismos instrumentais e normativos de respeito aos direitos humanos.

56.   A DADDH aborda a democracia em dois momentos. O primeiro quando trata do direito de associação para fins políticos em seu art. 22. O segundo, quando estabelece o dever de o estrangeiro não tomar parte em direitos políticos em outro Estado em seu art. 37. Na Opinião Consultiva n. 10 de 1989, solicitada pelo Estado da Colômbia, a Corte IDH esclareceu o *status* jurídico da DADDH, afirmando que não possuir natureza jurídica de tratado não implica uma inadmissibilidade da Corte IDH em expedir Opiniões Consultivas com interpretação de tal documento. Afinal de contas, já em seu preâmbulo, a própria CADH faz referência à DADDH, assim como o seu art. 29.d também o faz, levando ao entendimento da Corte IDH de que pode ser necessária a interpretação da Declaração Americana dos Direitos e Deveres do Homem ao exercer a sua jurisdição consultiva. Logo, é visível a relação entre a CADH e a DADDH, servindo essa como parâmetro interpretativo complementar à CADH em questões consultivas.

57.   A propósito da interpretação evolutiva e da CADH como um instrumento vivo, vale lembrar o voto concorrente, no caso Villagrán Morales vs. Guatemala (1999), de Antônio Augusto Cançado Trindade, enquanto presidente da Corte IDH, e A. Abreu Burelli. Nesse sentido, significa conceber tratados de direitos humanos por meio de uma interpretação que deve "acompanhar a evolução dos tempos e as condições atuais de vida". Essa interpretação evolutiva da Corte IDH, que concebe a CADH como um

15

"instrumento vivo", admite a possibilidade de mudança da interpretação ao longo do tempo, mesmo sem a mudança do texto do tratado.

58.   Em relação à Carta Democrática Interamericana de 2001, lógica semelhante aplica-se. A CDI serve como "um guia de comportamento democrático, um manual de conduta", como mencionado por César Gaviria, ex-secretário-geral da OEA[30]. No campo político, a CDI impõe o compromisso dos governantes de cada país com o sistema democrático, reconhecendo como basilar a dignidade da pessoa humana. A interpretação evolutiva da CADH pressupõe a aproximação e entrelaçamento com a CDI. A CDI, por ser um tratado, possui natureza obrigatória aos seus signatários, enquanto, aos demais países que ainda não a assinaram, pode projetar seus efeitos reflexamente à medida que muitos dos seus dispositivos reforçam ou especificam direitos já previstos na CADH. Cabe à Corte IDH garantir um aspecto sistêmico ao estudo de direitos humanos no Sistema Interamericano, reunindo todos os instrumentos relativos ao tema para assegurar uma aplicação coerente.

59.   Essa interdependência entre a CDI e a CADH é facilmente perceptível à medida que a CDI expande a normatividade da CADH, por exemplo, quando afirma "o direito dos povos da América à democracia" logo em seu art. 1º da CDI. Considera, em seguida, a democracia representativa como base do Estado de direito, dos regimes constitucionais e dos direitos humanos nos arts. 2º e 3º da CDI. Afirma a transparência, a probidade e a responsabilidade como componentes fundamentais dos governos democráticos, no art. 4º da CDI. Logo, a CDI estabelece que o respeito aos direitos humanos e às garantias fundamentais é essencial aos sistemas democráticos. Além disso, a CDI prevê situações e circunstâncias mais complexas e mais difíceis de identificar do que as relacionadas a um golpe militar.

60.   A CDI cria um mecanismo de defesa coletiva da democracia em âmbito regional. A Carta faz referência a três situações de ameaça à democracia: ruptura no processo político institucional democrático ou no legítimo exercício de poder (arts. 17 e 18); alteração da ordem constitucional (art. 20); e ruptura da ordem democrática (art. 21)[31]. O significado concreto dessas situações deve ser retirado de uma interpretação sistêmica do conceito de democracia no Sistema Interamericano, que é papel essencial da Corte IDH. Essa interpretação das situações de ameaça à democracia estabelecida pela CDI permitirá o prosseguimento da aplicação da CADH sobre direitos humanos e da DADDH, considerando que a democracia e os direitos humanos estão intimamente relacionados.

---

[30]   Disponível   em:
<http://www.oas.org/es/centro_noticias/comunicado_prensa.asp?sCodigo=C-181/02>.

[31] GARCÍA-SAYÁN, Diego. La Protección internacional de los derechos políticos em el contexto interamericano: la Carta Democrática Interamericana. *Revista IIDH*, n. 42, 2005, p.113.

61.   Como se pode perceber, portanto, a CADH, a DADDH e a CDI reforçam-se mutuamente e aprofundam-se gradativamente. Podem, a partir dessas premissas, respaldadas na jurisprudência da Corte IDH, referidas anteriormente, à luz do desenvolvimento progressivo (art. 26 da CADH), tornar mais específicos os direitos e garantias relacionadas ao art. 23 da CADH, referente aos direitos políticos. Por essa razão, a CDI pode servir para fundamentar a proteção da Corte IDH, por meio do controle de convencionalidade, contra as violações aos direitos humanos, inclusive em contextos de fragilidade ou ruptura da institucionalidade democrática. Afinal, a Corte IDH, como um Tribunal Constitucional transnacional que é, desempenha a função de proteção ao devido processo convencional em termos procedimentais e substantivos, o que é importante tanto para a proteção dos direitos fundamentais quanto para a consolidação da democracia na América Latina.

62.   Nesse sentido, nos termos da Opinião Consultiva n. 6 de 1986, não podem ser suprimidas ou restringidas garantias sem previsão legal e fora das finalidades da CADH, de modo que também os julgamentos políticos devem assegurar o respeito à independência do julgador, garantias de um devido processo convencional, em termos procedimentais, e o respeito ao princípio da legalidade, em consonância a um devido processo convencional, em termos substantivos. É importante notar que não basta que a lei seja pré-existente e delimite os fatos ilícitos de forma clara para que se garantam os direitos consagrados no art. 9°.

63.   Duas Opiniões Consultivas da Corte Interamericana de Direitos Humanos envolvem questões centrais relacionadas à proteção de direitos humanos durante os estados de emergência. A Opinião Consultiva n. 8 de 30 de janeiro de 1987 (OC-08/87) versa especificamente sobre suspensão do *habeas corpus*. A Opinião Consultiva n. 9 de 6 de outubro de 1987 (OC-09/87), por sua vez, é mais ampla por abordar os limites e as possibilidades de suspensão das garantias judiciais como um todo durante os estados de emergência. A Corte IDH, ao tratar do mérito da questão, ressaltou a necessidade da interpretação dos arts. 7.6, 25.1 e 27.2 com base no disposto na Convenção de Viena sobre o Direito dos Tratados, ou seja, deve haver uma interpretação de boa-fé quanto às suspensões.

64.   A Corte IDH chegou a listar, nessas duas Opiniões Consultivas, quais seriam os direitos cujas garantias não poderiam ser suspensas, seriam estes: reconhecimento da personalidade jurídica (art. 3°), direito à vida (art. 4°), direito à integridade pessoal (art. 5°), proibição de escravidão e servidão (art. 6°), princípio da legalidade e da retroatividade (art. 9°); e também, proíbe a suspensão da liberdade de consciência e religião (art. 12), da proteção da família (art. 17), do direito ao nome (art. 18), do direito da criança (art. 19), do direito à nacionalidade (art. 20) e dos direitos políticos (art. 23).

65.   A Corte IDH ressaltou a necessidade da manutenção de tais garantias e

afirma que são, sim, indispensáveis à proteção dos direitos já mencionados no art. 27.2 da CADH, voltando a citar o histórico de assassinatos, torturas e desaparecimentos por parte dos Estados na América Latina. A Corte IDH concluiu, por unanimidade, que os procedimentos jurídicos consagrados nos arts. 25.1 (o amparo, por exemplo) e 7.6 (o *habeas corpus*) da CADH não podem ser suspendidos, dado que, apesar de não terem sido citados no art. 27.2, protegem os mesmos direitos que tal artigo se propõe a proteger. A vedação de suspender esses procedimentos opera-se, justamente, porque, a despeito da não previsão explícita, tais institutos e dispositivos versam sobre garantias judiciais consideradas indispensáveis para proteger direitos e liberdades, as quais também, em nenhuma hipótese, podem suspender-se, segundo a mesma disposição.

I. B) A CORTE IDH COMO TRIBUNAL CONSTITUCIONAL TRANSNACIONAL

66.   O controle de convencionalidade tornou-se uma prática conhecida no plano interno, uma atividade comum na jurisprudência da Corte IDH e um fetiche acadêmico entre constitucionalistas e internacionalistas[32]. Nas origens do instituto, encontra-se a Opinião Consultiva n. 14 de 1994, na qual a Corte IDH decidiu que tanto uma lei manifestamente contrária à CADH quanto a aplicação de agentes do Estado podem ensejar a responsabilidade internacional do Estado se ela afetar direitos humanos. Nesse âmbito, a Corte IDH esclarece que as Opiniões Consultivas, previstas no art. 64, servem para verificar se leis internas são compatíveis com a CADH, enquanto os casos contenciosos, para apurar a responsabilidade internacional do Estado.

67.   No âmbito contencioso, a Corte IDH, por diversas vezes, invalidou leis nacionais e reconheceu a responsabilidade internacional do Estado, especialmente em relação às leis de anistia, como ocorreu nos casos Barrios Altos vs. Peru (2001)[33], Mack Chang vs. Guatemala (2003), Almonacid Arellano vs. Chile (2006), Trabalhadores Desligados do Congresso vs. Peru (2006), Gomes Lund vs. Brasil (2010), Gelman vs. Uruguai (2011) e, mais recentemente, em Herzog vs. Brasil (2018). Restou decidido que, a partir do famoso parágrafo 44 da sentença de Barrios Altos, que as leis que violem à CADH "carecem de efeitos jurídicos". A Corte IDH passou a realizar, com isso, o "controle de convencionalidade", embora o termo só tenha sido criado pelo voto concorrente de Sérgio García Ramirez em 2003 no caso Mack Chang. Posteriormente, a primeira decisão da Corte IDH a empregar o termo foi o caso Almonacid Arellano, que reconheceu a Corte como responsável pelo controle concentrado e os juízes nacionais pelo controle difuso de convencionalidade. Posteriormente, a Corte IDH reconhece que se trata de um dever de realizar o controle de convencionalidade de ofício, nos casos Trabalhadores Desligados do Congresso e Gelman.

68.   A linha de precedentes da Corte IDH chega ao ápice com o emblemático Cabrera García e Montiel Flores vs. México (2010), que cria o

---

[32] O tema tem sido objeto de inúmeras publicações dentro e fora do país. Não desejamos aprofundar o tema por esse motivo. Há uma excelente coletânea reunindo um estudo de direito comparado sobre o tema, cf. MARINONI, Luiz Guilherme; MAZZUOLI, Valério de Oliveira (Orgs.). *Controle de Convencionalidade*. Brasília: Gazeta Jurídica e ABDPC, 2013. GUERRA, Sidney Cesar Silva. A proteção internacional dos direitos humanos no âmbito da corte interamericana e o controle de convencionalidade. *Nomos (Fortaleza), v. 32.2*, p. 341-366, 2012.

[33] VITÓRIA, Ângela; PÊGAS, Lucas. Barrios Altos vs. Peru (2001): as origens do controle de convencionalidade. *Casoteca do NIDH. – UFRJ.* Disponível em: <https://nidh.com.br/barrios-altos-vs-peru-2001-as-origens-do-controle-de-convencionalidade/>.

termo "bloco de convencionalidade" para designar a CADH, acompanhada das interpretações desentranhadas dela pelas Opiniões Consultivas, pelas sentenças e medidas provisionais da Corte IDH como também imperativas. Em outras palavras, deve-se considerar não apenas o texto do dispositivo, mas também a interpretação realizada pela Corte IDH. É aqui que a tradicional jurisprudência da Corte IDH que concebe a CADH como um *corpus juris* interamericano e como um instrumento vivo se encontra com a linha de precedentes do controle de convencionalidade, consolidando uma nova gramática e discurso da Corte IDH como guardiã da CADH, à imagem e semelhança de uma Corte Constitucional Transnacional.

69.   Nessa linha, é possível conceber a Corte IDH, conforme destaca Siddharta Legale em tese de doutorado, como um Tribunal Constitucional transnacional[34]. Isso significa que, além de realizar o controle concentrado de convencionalidade, atua nas seguintes funções:

(i)   defesa e guarda dos direitos humanos, tendo como espinha dorsal a CADH, concebida como um instrumento vivo, na linha anterior do que já se afirmou anteriormente da CADH como um "atracadouro de fontes do direito internacional";

(ii) defesa e guarda do respeito às regras do jogo democrático em um sistema representativo que proteja a participação popular no poder. A Corte IDH também convocou o Poder Judiciário a proteger as garantias do acesso à justiça (arts. 8 e 25 da CADH) ou cooperou para defesa das regras do jogo particularmente no ciclo de casos peruanos, como Loyaza Tamayo vs. Peru (1997), Castillo Petruzzi vs. Peru (1999) e Tribunal Constitucional vs. Peru (1999) e Trabalhadores Desligados do Congresso vs. Peru (2006). O respeito às regras do jogo, bem como às normas estabelecidas previamente e de forma clara, deve ser realizado pelo Poder Judiciário (Loyaza Tamayo e Castillo Petruzzi), assim como pelo Executivo e Legislativo, para destituir agentes públicos dos respectivos cargos (Tribunal Constitucional e Trabalhadores Desligados do Congresso). Nessa linha, a Corte IDH desempenha o papel de guardiã da integridade das deliberações democráticas;

(iii) proteção de grupos vulneráveis que, não raro, não possuem voz nas instâncias majoritárias nacionais – ou, quando encontram, são objeto de golpes disfarçados – significa mais do que a proteção de certos grupos, significa a proteção de um sistema de direitos humanos fundamentais que respeita o pluralismo. A literatura constitucional mais contemporânea tem acentuado que a proteção de "minorias" é uma importante tarefa da jurisdição constitucional, tendo em vista que as instâncias majoritárias nem sempre são capazes de vocalizar reivindicações de tais grupos. O Poder Judiciário nacional, nessa leitura,

---

[34] LEGALE, Siddharta. *A Corte Interamericana como Tribunal Constitucional Transnacional.* Rio de Janeiro: Rio de Janeiro: Lumen Juris, 2019.

pode servir tanto para destravar debates públicos obstruídos pelas maiorias ocasionais quanto para proteger grupos vulneráveis que estão ausentes (ou sem uma presença significativa) no Legislativo e no Executivo[35].

70.   Conceber a Corte IDH, portanto, como responsável tanto pela proteção da integridade do processo deliberativo majoritário quanto pela proteção de grupos vulneráveis coloca essa instância judicial internacional no patamar de um singular Tribunal Constitucional transnacional na acepção contemporânea do termo Corte Constitucional[36]. Com isso, mais do que afirmar o dever de a Corte IDH proteger grupos vulneráveis, afirma-se que essa defesa já está sendo realizada para as mulheres (Atala Riffo e crianças vs. Chile, de 2012), crianças de rua (Villagrán Morales e outros vs. Guatemala, de 1999), populações indígenas (Comunidade Mayagna Sumo Awas Tingni vs. Nicarágua, de 2001, e Xucurú vs. Brasil, de 2018), ativistas de direitos humanos (Cabrera García e Montiel Flores vs. México, de 2010), pessoas encarceradas em geral (Velásquez Rodríguez vs. Honduras, de 1988, Urso Branco vs. Brasil, de 2002, e Prisão Miguel Castro vs. Peru, de 2006) e pessoas em situações de conflito obrigadas a um deslocamento forçado (o ciclo de casos colombianos de massacres, como Pueblo Bello vs. Colômbia,   de   2006)

---

[35] A respeito, confira-se o clássico ELY, John Hart. *Democracia de desconfiança*. São Paulo: Martins Fontes, 2010. Entre nós, cf. APPIO, Eduardo. *Direito das minorias*. São Paulo: Editora Revista dos Tribunais, 2008.

[36] Há quem defenda que se trata de um "tribunal internacional supranacional". MAZZUOLI, Valerio de Oliveira. *Os sistemas regionais de proteção dos direitos humanos*. São Paulo: Editora Revista dos Tribunais, 2011, p.31. A relação entre a Corte IDH como Corte Constitucional transnacional e as Cortes constitucionais nacionais será problematizada em um capítulo mais adiante.

II.
PARTE 2 – RESPOSTAS ÀS QUESTÕES

II. A) PERGUNTA 1 – OBRIGAÇÕES DO ESTADO QUE DENUNCIOU A CONVENÇÃO AMERICANA DE DIREITOS HUMANOS (CADH)

> *Quais são as obrigações em matéria de direitos humanos que tem um Estado membro da Organização dos Estados Americanos que denunciou a Convenção Americana de Direitos Humanos?*

71.   A Convenção Americana de Direitos Humanos pode ser denunciada por um Estado membro da Organização dos Estados Americanos, nos termos do art. 78 Confira-se:

> **Artigo 78**
>
> 1. Os Estados Partes poderão denunciar esta Convenção depois de expirado um prazo de cinco anos, a partir da data da entrada em vigor da mesma e mediante aviso prévio de um ano, notificando o secretário-geral da Organização, o qual deve informar as outras Partes.
>
> 2. Tal denúncia não terá o efeito de desligar o Estado Parte interessado das obrigações contidas nesta Convenção, no que diz respeito a qualquer ato que, podendo constituir violação dessas obrigações, houver sido cometido por ele anteriormente à data na qual a denúncia produzir efeito. (grifou-se)

72.   Como se pode notar, existem três limitações ao desvincular-se da obrigatoriedade de respeitar a CADH: (i) **limitação temporal** – o prazo de cinco anos da entrada em vigor da CADH; (ii) **limitação procedimental** – notificação do secretário-geral da OEA com antecedência de um ano e informe aos demais Estados Partes; e (iii) **limitação material** – a impossibilidade de desvincular-se das obrigações e das responsabilidades decorrentes de violações à CADH antes da produção de efeitos da denúncia.

73.   A limitação material, presente no art. 78 da CADH, significa a impossibilidade de desvincular-se imediatamente das obrigações da Convenção. Outro sentido, extraído da primeira parte do artigo, é a impossibilidade de denunciar apenas em parte a CADH, como esclarece Valério Mazzuoli[37]. A posição faz sentido, afinal, como a própria Corte IDH já esclareceu na Opinião Consultiva n. 2 não cabem reservas incompatíveis com a finalidade da CADH que é aprimorar a proteção dos direitos humanos[38]. Ora, se não cabem reservas

---

[37] MAZZUOLI, Valério. *Comentários à Convenção Americana sobre Direitos Humanos – Pacto de São José da Costa Rica*. São Paulo: Editora Revista dos Tribunais, 2013, p. 429.

sobre certos temas, com muito mais razão, não cabe a denúncia parcial. O dispositivo já foi aplicado pela Comissão Interamericana de Direitos Humanos e pela Corte Interamericana de Direitos Humanos para esclarecer a possibilidade de exercer as suas atribuições e competências nesses cenários.

74.   No caso n. 12.342, de Relatório n. 89/01 (Balkissoon Roodal vs. Trinidad e Tobago) de 10 de outubro de 2001, a CIDH afirmou ser competente para examinar a denúncia realizada contra Trinidad e Tobago por atos cometidos anteriormente a sua denúncia efetiva da CADH. O Estado havia denunciado a Convenção Americana em 26 de maio de 1998, permanecendo até 26 de maio de 1999 obrigado a responsabilizar-se por violações à CADH, nos termos do seu art. 78.1. O relatório da CIDH deixa claro que:

> "As obrigações de um Estado partem, de conformidade com a Convenção, não abarcam somente aquelas disposições da Convenção relacionadas com os direitos e liberdades substantivos garantidos pela mesma. Também abarcam, de acordo com a Convenção, disposições relacionadas com os mecanismos de supervisão, aqueles incluídos no Capítulo VII da Convenção relativos à jurisdição, funções e poderes da Comissão Interamericana de Direitos Humanos. Portanto, apesar da denúncia da Convenção por parte de Trinidad e Tobago, a Comissão continuará tendo jurisdição sobre as denúncias de violações da Convenção por parte de Trinidad e Tobago em relação com as medidas adotadas pelo Estado antes de 26 de maio de 1999. Conforme a jurisprudência estabelecida, isto inclui medidas adotadas pelo Estado antes de 26 de maio de 1999, inclusive se as consequências dessas medidas continuam ou não a se manifestar depois desta data."

75.   Ainda no mesmo caso, a CIDH entendeu que persistem as obrigações do Estado mesmo após a denúncia da CADH. Confira-se:

> "Com respeito às medidas adotadas pelo Estado depois de 26 de maio de 1999, o Estado continua limitado pela Declaração Americana dos Direitos e Deveres do Homem e pela autoridade da Comissão para supervisionar o cumprimento desse instrumento pelo Estado, havendo depositado seu instrumento de ratificação da Carta da OEA em 17 de março de 1967 e convertendo-se, por conseguinte, em um Estado membro da OEA."

---

[38] BARRETO, Rafael Zelesco. A Opinião Consultiva n. 02/82 da Corte IDH: as reservas à Convenção Americana de Direitos Humanos. *Casoteca do NIDH-UFRJ*. Disponível em: <https://nidh.com.br/a-opiniao-consultiva-n-02-82-da-corte-idh-as-reservas-a-convencao-americana-de-direitos-humanos/>.

76.   Outra consequência importante é que, se a denúncia for direcionada apenas à CADH, o Estado continuará sendo parte da OEA e, portanto, respondendo a CIDH na aplicação da CADH. O Estatuto da CIDH esclarece que esses Estados terão outras obrigações, como aquelas do art. 20. Vale conferir:

Artigo 20

Com relação aos Estados membros da Organização que não são Partes da Convenção Americana sobre Direitos Humanos, a Comissão terá, além das atribuições assinaladas no artigo 18, as seguintes:

a. dispensar especial atenção à tarefa da observância dos direitos humanos mencionados nos artigos I, II, III, IV, XVIII, XXV e XXVI da Declaração Americana dos Direitos e Deveres do Homem;

b. examinar as comunicações que lhe forem dirigidas e qualquer informação disponível; dirigir-se ao Governo de qualquer dos Estados membros não Partes da Convenção a fim de obter as informações que considerar pertinentes; e formular-lhes recomendações, quando julgar apropriado, a fim de tornar mais efetiva a observância dos direitos humanos fundamentais; e

c. verificar, como medida prévia ao exercício da atribuição da alínea b, anterior, se os processos e recursos internos de cada Estado membro não Parte da Convenção foram devidamente aplicados e esgotados.

77.   Vale registrar que a versão mais atual do Regimento da CIDH permite igualmente o recebimento da petição referente a Estados que não são partes da CADH. Confira-se:

CAPÍTULO III – PETIÇÕES REFERENTES A ESTADOS QUE NÃO SEJAM PARTES NA CONVENÇÃO AMERICANA SOBRE DIREITOS HUMANOS

Artigo 51. Recebimento da petição

A Comissão receberá e examinará a petição que contenha denúncia sobre presumidas violações dos direitos humanos consagrados na Declaração Americana dos Direitos e Deveres do Homem com relação aos Estados membros da Organização que não sejam partes na Convenção Americana sobre Direitos Humanos. (grifou-se)

78.   Em sentido semelhante, a Corte IDH possui uma jurisprudência consolidada a respeito da impossibilidade de produção de efeitos imediatos na responsabilização por violações dos Estados a partir da denúncia da CADH. A

jurisprudência compreende que, se os fatos ocorreram antes da entrada em vigor da denúncia feita pelo país, a Corte IDH permanece competente para conhecer, processar e julgar as violações à CADH, nos termos do art. 78.2. Destacam-se os seguintes casos nesse sentido: Tribunal Constitucional vs. Peru (2001); e Hilaire, Constantine e Benjamin e outros vs. Trinidad e Tobago (2002), López Soto vs. Venezuela (2018).

79.   No primeiro caso, Tribunal Constitucional vs. Peru (2001), o embaixador do Peru chegou a comparecer na sede da Corte IDH na Costa Rica para devolver o caso em 16 de julho de 1999, com a Resolução da Mesa Legislativa de 8 de julho de 1999 que retirou o reconhecimento à competência contenciosa da Corte IDH e com o depósito do Governo na Secretaria da OEA em 9 de julho de 1999. O Peru alegava que a retirada do reconhecimento produziria efeitos imediatos a partir do dia 9, razão pela qual a Corte IDH já não seria mais competente.

80.   Em setembro, a CIDH manifestou-se no sentido de que um Estado não pode privar um tribunal internacional, mediante um ato unilateral, da competência assumida anteriormente de submeter-se à Corte IDH. A possibilidade de retirar-se da CADH e da jurisdição da Corte IDH está limitada pela exigência prévia de notificação e de um período de 1 (um) ano, em nome da segurança e da estabilidade jurídica. A retirada do Peru com pretensão de efeitos imediatos não tinha validade jurídica, razão pela qual a Corte IDH, segundo a CIDH, pode e deve continuar a exercer a sua competência para os casos pendentes.

81.   Em 24 de setembro de 1999, a Corte IDH decidiu por sua própria competência para conhecer o caso. Afirmou que a pretendida retirada com efeitos imediatos é inadmissível. Decidiu continuar a tramitação do caso, convocando e notificando o Estado peruano e a Comissão para uma audiência pública sobre o caso. Ainda assim, o Estado devolveu as notas e recusou-se a comparecer. Por essa razão, a Corte IDH resolveu continuar o julgamento a despeito do seu não comparecimento, deferindo inclusive medidas provisionais em função da urgência do caso que envolvia a destituição de juízes da Suprema Corte peruana que votaram pela impossibilidade da reeleição do presidente Fujimori.

82.   O mesmo entendimento foi exarado quando do julgamento de exceções preliminares apresentadas pelo Estado no caso Hilaire, Constantine e Benjamin e outros vs. Trinidad e Tobago (2002). Trinidad e Tobago aceitou a jurisdição da Corte IDH em 1991 e denunciou a CADH em 1998, razão pela qual interpôs uma exceção preliminar para alegar que a Corte IDH não poderia prosseguir na tramitação do caso, mesmo em relação aos fatos ocorridos anteriormente aos fatos da denúncia. A Corte IDH julgou improcedente a exceção preliminar, considerando ser plenamente competente para conhecer os fatos dos casos, nos seguintes termos:

"*(...) Trinidad y Tobago no puede prevalerse de las limitaciones formuladas en su instrumento de aceptación de la cláusula facultativa de la jurisdicción obligatoria de la Corte Interamericana de Derechos Humanos, en virtud de lo establecido en el artículo 62 de la Convención Americana, por cuanto dicha limitación es incompatible con el objeto y fin de la Convención*".

82.   O mesmo entendimento foi reiterado nos demais casos envolvendo Caesar vs. Trinidad e Tobago (2005), segundo o qual, apesar da denúncia, a Corte IDH é plenamente competente para conhecer o caso. Em primeiro lugar, esse é um poder inerente a qualquer organismo internacional com base no princípio *compétence de la compétence*, ou *kompetenz-kompetenz*, ou seja, a capacidade de determinar o alcance de suas próprias competências. Em segundo lugar, a CVDT estabelece normas de interpretação dos tratados segundo as quais não cabe interpretar os tratados com sentido contrário ao seu objeto e finalidade. Por outro lado, a CADH, no art. 62, determina o dever de a Corte IDH preservar a autoridade e integridade do mecanismo judicial.

83.   Posteriormente, com a segunda denúncia à Convenção Americana sendo levada a efeito, dessa vez pela República Bolivariana da Venezuela, a Corte manteve e consolidou seu entendimento nos casos a ela submetidos. A Venezuela é parte da CADH desde 1977, reconheceu a competência em 1981 e denunciou a CADH em 2012. No caso López Soto e outros vs. Venezuela (2018), a Corte IDH, com base no art. 78.2, certificou ser competente para conhecer o caso, porque os fatos analisados são anteriores ao momento da denúncia da CADH em 2012. A Corte IDH igualmente reconheceu sua competência em razão de os fatos serem anteriores ao momento em que a denúncia poderia produzir efeitos.

84.   A CIDH é um órgão quase judicial, enquanto a Corte IDH é o órgão judicial da CADH. Como tal, para além do próprio dispositivo do art. 78.2, cabe invocar o já referido princípio *kompetenz-kompetenz*.

85.   Dessa forma, resta claro que, no tocante às obrigações em matéria de direitos humanos, o Estado membro da OEA que tenha denunciado a CADH permanece sujeito à proteção exercida pela CIDH e pela Corte IDH, em relação aos fatos ocorridos até a produção dos efeitos da denúncia, nos termos do art. 78.2 da CADH.

II. B) PERGUNTA 2 – EFEITOS DA DENÚNCIA E DA RETIRADA DA CARTA DA ORGANIZAÇÃO DOS ESTADOS AMERICANOS (OEA)

> *No caso de tal Estado denunciar também a Carta da Organização dos Estados Americanos e buscar retirar-se da Organização, quais são os efeitos que tal denúncia e saída têm sobre as obrigações a que se refere a primeira pergunta?*

86.   A Carta da OEA foi produzida em 30 de abril de 1948, por ocasião da IX Conferência dos Estados Americanos, na qual se elaborou, igualmente, a Declaração Americana de Direitos e Deveres do Homem e o Pacto Americano de Soluções Pacíficas. Todos esses documentos entraram em vigência em 13 de dezembro de 1951. Nesse viés, a OEA surge, de pronto, compromissada com a democracia, fortalecendo, concomitantemente, a valorização dos direitos humanos no continente.

87.   O documento sofreu, ainda, severas alterações por ocasião do Protocolo de Buenos Aires, em 1967; pelo Protocolo de Cartagena das Índias, em 1985; pelo Protocolo de Washington, em 1992; e pelo Protocolo de Manágua, em 1993. Merece destaque a criação do Conselho Interamericano de Desenvolvimento Integral, que atua em diversas áreas que permeiam e fortalecem os direitos humanos.

88.   A OEA possui hoje 35 Estados membros. São considerados membros dessa Organização todos aqueles que, conforme já explicitado, ratifiquem seu instrumento constitutivo, qual seja, a Carta da OEA: Argentina (1947), Bolívia (1948), Brasil (1948), Chile (1948), Colômbia (1948), Costa Rica (1948), Cuba (1948)[39], Equador (1948), El Salvador (1948), Estados Unidos da América (1948), Guatemala (1948), Haiti (1948), Honduras (1948), México (1948), Nicarágua (1948), Panamá (1948), Paraguai (1948), Peru (1948), República Dominicana (1948), Uruguai (1948), Venezuela (1948), Antígua e Barbuda (1967), Barbados (1967), Trinidad e Tobago (1967), Jamaica (1969), Granada (1975), Suriname (1977), Dominica (1979), Santa Lúcia (1979), São Vicente e Granadinas (1981), Bahamas (1982), São Cristóvão e Nevis (1984), Canadá (1990), Belize (1991) e Guiana (1991).

89.   A Carta da OEA, atualmente, estabelece em seu art. 143 que qualquer dos Estados membros poderá deixar de integrar a Organização, mediante notificação escrita à Secretaria-Geral. A OEA possui hoje 35 Estados membros. Confira-se:

---

[39] Por resolução da Oitava Reunião de Consulta de Ministros das Relações Exteriores, em 1962, o atual governo de Cuba está excluído de participar da OEA.

Artigo 143

Esta *Carta vigorará indefinidamente*, mas poderá ser denunciada por qualquer dos Estados membros, mediante uma notificação escrita à Secretaria-Geral, a qual comunicará em cada caso a todos os outros Estados as notificações de denúncia que receber. *Transcorridos dois anos a partir da data em que a Secretaria-Geral receber uma notificação de denúncia,* a presente Carta cessará seus efeitos em relação ao dito Estado denunciante e este ficará desligado da Organização, depois de ter cumprido as obrigações oriundas da presente Carta. (grifou-se)

90.   A Convenção de Viena sobre o Direito dos Tratados de 1969 regulamenta, em seu art. 54 e seguintes, o costume geral segundo o qual Estados podem livremente denunciar tratados bilaterais ou se retirar de tratados multilaterais.

Artigo 56

Denúncia ou retirada de um tratado que não contém disposições sobre extinção, denúncia ou retirada.

1. Um tratado que não contém disposição sobre sua terminação e não prevê a denúncia ou retirada do mesmo não pode ser objeto de denúncia ou retirada a não ser que:

a) Fique estabelecido que as partes tiveram a intenção de admitir a possibilidade de denúncia ou retirada; ou

b) O direito de denúncia ou retirada possa ser inferido da natureza do tratado.

91.   Contudo, denunciar um tratado multilateral da magnitude da Carta da OEA não é algo simples, mesmo porque, até recentemente, nenhum Estado havia denunciado a Carta da OEA. Como destaca Jean Michel Arrighi, nem mesmo aqueles que foram sancionados com a suspensão da participação na Organização foram capazes de denunciar a Carta da OEA, como Cuba, República Dominicana ou Honduras[40].

92.   Em primeira análise, a conclusão é que a saída do Estado implica a desobrigação total em relação aos deveres previstos na Carta. Trata-se, entretanto, de raciocínio falacioso. O exercício do direito de retirada apenas exclui o sujeito das esferas de deliberação da Organização, não afastando, sob nenhuma hipótese, o Estado da observância das normas protetivas de direitos humanos, visto que a Carta da OEA cria obrigações oponíveis *erga omnes*, bem

---

[40] ARRIGHI, Jean Michel. *La OEA y el Derecho Internacional.* México: Editorial Porrua, 2015, p. 68-9.

como positiva normas de *jus cogens* do Direito Internacional.

93.	Ao fim do século XIX, a doutrina internacionalista inclinou-se para o questionamento quanto à inserção de normas de conteúdo moral e constitucional no direito das gentes. Mais especificamente, passou-se a cogitar a existência de um núcleo de direitos superiores à ordem convencional da comunidade de Estados[41]. Somente com o fim da Grande Guerra, contudo, os juristas passaram a dedicar-se à verificação da existência de normas de conteúdo hierarquicamente superior dentro da ordem internacional. A rigor, trata-se de um processo oriundo do entendimento de que a noção clássica de soberania sofreu, com o advento do século XX, uma clara relativização[42-43].

94.	Nesse sentido, começaram-se a desenvolver estudos acerca de dois principais conceitos capazes de evidenciar a existência de normas fundamentais da ordem jurídica internacional: o *jus cogens* e as obrigações *erga omnes*.

95.	As normas imperativas do direito internacional situam-se em um plano hierárquico superior às demais fontes do Direito Internacional. Ao contrário do direito consuetudinário internacional, as normas peremptórias não necessitam do consentimento das partes, não podendo ser violadas por nenhum Estado, sob nenhuma hipótese. Obrigações *erga omnes*, por seu turno, são normas diretamente ligadas a obrigações que podem ensejar a responsabilização internacional do Estado por seus atos[44]. Quando em conjunto, *jus cogens* e obrigações *erga omnes* perfazem o conceito de *jus necessarium*[45].

96.	Uma vez reputadas por normas fundamentais ou normas necessárias do

---

[41] Nesse contexto, foram importantes em especial os estudos à época da I Convenção de Genebra de 1864 e das Conferências de Paz da Haia, os quais contribuíram ativamente para tal discussão KADELBACH, Stefan. *Jus cogens*, Obligations Erga Omnes and other Rules – the identification of fundamental norms. In: Tomuschat, Christian e Thouvenin, Jean-Marc (ed.). *The Fundamental Rules of International Legal Order*. Leiden, Boston: Martinus Nijhoff, 2006, p. 21.

[42] Somente no século XX, o Direito internacional será capaz de afirmar que a soberania somente poderia se mostrar como a independência jurídica frente a outros ordenamentos nacionais, mas não às próprias normas internacionais Nesse sentido, veja, por exemplo, o entendimento da Corte Permanente de Arbitragem Internacional, no Caso da Ilha de Palmas, adotado no voto do árbitro Max Huber, segundo o qual, "*sovereignty in the relations between States signifies independence. Independence in regard to a portion of the globe is the right to exercise therein, to the exclusion of any other State, the functions of State*". UN. United Nations Reports of International Arbitral	Awards,	vol.	2,	April	1928,	p.	838.	Disponível	em: <http://legal.un.org/riaa/cases/vol_II/829-871.pdf>.

[43] PELLET, Alain. Conclusions. In: Tomuschat, Christian e Thouvenin, Jean-Marc (ed.). *The Fundamental Rules of International Legal Order*. Leiden, Boston: Martinus Nijhoff, 2006, capítulo XIX, p. 417.

[44] KADELBACH, Stefan. *Jus cogens*, Obligations Erga Omnes and other Rules – the identification of fundamental norms. In: Tomuschat, Christian e Thouvenin, Jean-Marc (ed.). The Fundamental Rules of International Legal Order. Leiden, Boston: Martinus Nijhoff, 2006, p. 26.

[45] TOMUSCHAT, 2006, p. 425.

direito internacional, essas são reconhecidas pela comunidade de Estados como um todo, momento que delimita a impossibilidade de derrogações. Essa proposição significa que a imunidade soberana não é mais a peça central da ordem jurídica internacional. O *jus gentium* não é mera *comitas gentium*[46]. O direito internacional não pode ser interpretado a partir de uma perspectiva ontologicamente voluntarista[47].

97.   A Corte Interamericana de Direitos Humanos, na Opinião Consultiva n. 18/2003, ou Villagrán Morales e Outros vs. Guatemala (1999)[48], reconhece a existência de normas fundamentais do direito internacional, como o princípio da igualdade e da não discriminação. A Corte IDH conclui pela existência de normas de *jus cogens* de caráter costumeiro na CADH no Sistema Interamericano. Pelo mesmo motivo, normas da Carta também desfrutam desse *status*. Logo, a mera retirada de um membro da OEA não exime o referido Estado dessas exigências convencionais e costumeiras imperativas.

98.   Há uma subordinação necessária do Estado ao Direito Internacional e às obrigações universais e regionais protetivas de direito humanos: não há qualquer possibilidade de se admitir que vontades domésticas limitem o âmbito de aplicação das normas previstas na Carta da OEA. Por essa razão, a natureza subjetiva da personalidade jurídica estatal é a personificação de uma ordem jurídica relativamente centralizada sujeita apenas ao direito internacional[49].

99.   Em suma, a soberania somente pode mostrar-se como a independência jurídica frente a outros ordenamentos nacionais, mas não diante das próprias normas internacionais. A prerrogativa de retirada de um membro do sistema regional americano não cria desobrigações em relação a normas protetivas de direitos fundamentais ou necessários. Interpretações contrárias sacrificam os princípios, propósitos e valores insculpidos na Carta da OEA.

---

[46] O século XIX viu florescerem doutrinas jurídicas redutoras do direito das gentes a simples regras de convivência no plano interestatal: as normas internacionais existiriam, porém não seriam dotadas de conteúdo legal, apenas moral. Dessa tendência, extraem-se filósofos como John Austin, usualmente apontado como um dos principais defensores da natureza não jurídica das normas de direito das gentes. Para o jusfilósofo inglês, em virtude da ausência de um órgão superior supranacional, responsável máximo e soberano pelo monopólio da função legislativa no âmbito internacional, não haveria sentido em conceituar como "direito" algo que não passa de mera "moral internacional positiva". Para críticas a essa escola, cf. KOSKENNIEMI, Martti. The gentle civilizer of nations: the rise and the fall of International Law 1870-1960. Cambridge: Cambridge University Press, 2001, p. 51; VELASCO VALLEJO, Manuel Diez de. *Instituciones De Derecho Internacional Publico*. 18ª Edição. Madrid: Tecnos, 2013, p. 106.

[47] PELLET, Alain. The Normative Dilemma: Will and Consent in International Law-Making. *Australian Year Book of International Law,* Canberra, pp. 22-53, 1988.

[48] CIDH. Caso Villagrán Morales e Outros versus Guatemala. Voto Conjunto Concorrente dos Juízes A.A. Cançado Trindade E A. Abreu Burelli.

[49] KELSEN, Hans. Théorie du Droit International Public. *Recueil de Cours de L'Académie de Droit International,* tomo 84, 1953, p. 80., p. 85.

100.   Tanto é assim que existe uma série de outros tratados que procuram assegurar a vedação do uso da força nas relações entre os Estados americanos, bem como estabelecer formas de solução pacífica de controvérsias, como bons-ofícios, mediação ou soluções judiciais ou, até mesmo, recorrer, posteriormente, ao Conselho de Segurança das Nacionais Unidas. São mecanismos previstos no art. 2º do Pacto de Bogotá, no art. 2º do Tratado Interamericano de Assistência Recíproca ou no art. 33 da Carta da ONU – esse último determinando que as entidades regionais empreguem as soluções pacíficas de controvérsias. Assim, ainda que haja denúncia à Carta da OEA, é possível exigir do Estado denunciante uma série de obrigações relacionadas com a solução pacífica de controvérsias, como as previstas no sistema das Nações Unidas e nas normas imperativas de direito internacional[50].

---

[50] ARÉCHAGA, Eduardo Jiménez de. La coordination des systèmes de L'ONU et de l'Organisation des États Américains pour le règlement pacifique des différends et la sécurité collective. *Recueil des cours,* 111, 1964, p. 419-526.

II. C) PERGUNTA 3 – OBRIGAÇÕES DOS DEMAIS ESTADOS

> *Quando surge um quadro de violações graves e sistemáticas dos direitos humanos que ocorra sob a jurisdição de um Estado das Américas que tenha denunciado a Convenção Americana e a Carta da OEA,*
> *a) que obrigações em matéria de direitos humanos têm os demais Estados membros da OEA?*
> *b) de quais mecanismos dispõem os Estados membros da OEA para tornar efetivas tais obrigações?*
> *c) a que mecanismos de proteção internacional de direitos humanos podem acudir as pessoas sujeitas à jurisdição do Estado denunciante?*

101.   A OEA impõe **obrigações aos demais Estados da OEA,** ainda que eles denunciem a CADH ou a Carta da OEA, dentro dos limites de uma organização internacional de caráter intergovernamental. Não possui natureza supranacional, ou seja, não possui competência prevista na Carta da OEA para a intervenção na jurisdição interna dos Estados membros. Ainda assim, os Estados membros da OEA estão obrigados a seguir os princípios e os propósitos essenciais mencionados na Carta.

102.   O art. 2º da Carta da OEA[51] impõe aos Estados **a obrigação de garantir a paz e a segurança do continente americano.** Assim, os Estados precisam agir internamente e externamente para a garantia da paz, não constituindo as medidas tomadas em prol dessa garantia violação aos princípios previstos na Carta. Além disso, qualquer controvérsia entre os membros deve ser solucionada de maneira pacífica. Outros propósitos como a erradicação da pobreza, a manutenção da democracia representativa, a promoção da ação cooperativa entre os Estados, a busca pela solução de problemas políticos e jurídicos, a organização de ações solidárias entre os Estados, e a prevenção de

---

[51] Carta da OEA – Artigo 2 Para realizar os princípios em que se baseia e para cumprir com suas obrigações regionais, de acordo com a Carta das Nações Unidas, a Organização dos Estados Americanos estabelece como propósitos essenciais os seguintes: a) Garantir a paz e a segurança continentais; b) Promover e consolidar a democracia representativa, respeitado o princípio da não-intervenção; c) Prevenir as possíveis causas de dificuldades e assegurar a solução pacífica das controvérsias que surjam entre seus membros; d) Organizar a ação solidária destes em caso de agressão; e) Procurar a solução dos problemas políticos, jurídicos e econômicos que surgirem entre os Estados membros; f) Promover, por meio da ação cooperativa, seu desenvolvimento econômico, social e cultural; g) Erradicar a pobreza crítica, que constitui um obstáculo ao pleno desenvolvimento democrático dos povos do Hemisfério; e h) Alcançar uma efetiva limitação de armamentos convencionais que permita dedicar a maior soma de recursos ao desenvolvimento econômico-social dos Estados membros.

possíveis causas de dificuldades, também estão previstos nesse artigo.

103.   60.   O art. 3° da Carta da OEA[52] prevê todos os princípios regidos pela Organização, como **solidariedade**; **boa-fé**; **respeito à personalidade e soberania dos Estados**; **condenação à guerra**; **justiça** e **segurança social**, por exemplo. Esse artigo prevê, ainda, em suas alíneas l) e m), respectivamente, a defesa dos direitos fundamentais da pessoa humana, sem distinção de raça, nacionalidade, credo ou sexo, bem como o respeito à cultura dos países americanos. Essas alíneas podem ser entendidas como a defesa expressa do cumprimento dos direitos humanos.

104.   61.   Há um desenvolvimento progressivo do direito internacional dos direitos humanos no Sistema Interamericano[53]. As declarações e os tratados passaram de um caráter mais geral – a DADDH e a CADH – para outros de caráter mais específico, como a Convenção de Combate à Tortura de 1986, Convenção de Belém do Pará de 1994 e Convenção contra o Desaparecimento Forçado de 1994. A CADH prevê em seu art. 1° a obrigação de respeitar direitos[54],

---

[52] Carta da OEA – Artigo 3 Os Estados americanos reafirmam os seguintes princípios: a) O direito internacional é a norma de conduta dos Estados em suas relações recíprocas; b) A ordem internacional é constituída essencialmente pelo respeito à personalidade, soberania e independência dos Estados e pelo cumprimento fiel das obrigações emanadas dos tratados e de outras fontes do direito internacional; c) A boa-fé deve reger as relações dos Estados entre si; d) A solidariedade dos Estados americanos e os altos fins a que ela visa requerem a organização política dos mesmos, com base no exercício efetivo da democracia representativa; e) Todo Estado tem o direito de escolher, sem ingerências externas, seu sistema político, econômico e social, bem como de organizar-se da maneira que mais lhe convenha, e tem o dever de não intervir nos assuntos de outro Estado. Sujeitos ao acima disposto, os Estados americanos cooperarão amplamente entre si, independentemente da natureza de seus sistemas políticos, econômicos e sociais; f) A eliminação da pobreza crítica é parte essencial da promoção e consolidação da democracia representativa e constitui responsabilidade comum e compartilhada dos Estados americanos; g) Os Estados americanos condenam a guerra de agressão: a vitória não dá direitos; h) A agressão a um Estado americano constitui uma agressão a todos os demais Estados americanos; i) As controvérsias de caráter internacional, que surgirem entre dois ou mais Estados americanos, deverão ser resolvidas por meio de processos pacíficos; j) A justiça e a segurança sociais são bases de uma paz duradoura; k) A cooperação econômica é essencial para o bem-estar e para a prosperidade comuns dos povos do Continente; l) Os Estados americanos proclamam os direitos fundamentais da pessoa humana, sem fazer distinção de raça, nacionalidade, credo ou sexo; m) A unidade espiritual do Continente baseia-se no respeito à personalidade cultural dos países americanos e exige a sua estreita colaboração para as altas finalidades da cultura humana; n) A educação dos povos deve orientar-se para a justiça, a liberdade e a paz.

[53] NIKKEN, Pedro. *La Protección Internacional de Los Derechos Humanos y Su Desarrollo Progresivo.* Madrid: IIDH, 1987.

[54] CADH – Artigo 1. Obrigação de respeitar os direitos 1. Os Estados Partes nesta Convenção comprometem-se a respeitar os direitos e liberdades nela reconhecidos e a garantir seu livre e pleno exercício a toda pessoa que esteja sujeita a sua jurisdição, sem discriminação alguma por motivo de raça, cor, sexo, idioma, religião, opiniões políticas ou de qualquer outra natureza, origem nacional ou social, posição econômica, nascimento ou qualquer outra condição social. 2. Para os efeitos desta Convenção, pessoa é todo ser humano.

enquanto o seu art. 2º a de prever remédios jurisdicionais efetivos para preservar esses direitos[55].

105.   62.   Esses dois dispositivos da CADH são compreendidos como fundamentos para o controle de convencionalidade por parte do Estado. Isso significa que deve haver um "Estado Constitucional e Convencional de Direito"[56], ou seja, um Estado onde o Legislativo, o Executivo e o Judiciário estão obrigados a respeitar à CADH de acordo com a interpretação da Corte IDH nas Opiniões Consultivas e nos casos contenciosos.

106.   63.   O Legislativo deve aprovar leis que implementem a Convenção – controle de convencionalidade construtivo. Leis incompatíveis com a CADH carecem de efeitos jurídicos – controle de convencionalidade destrutivo. A jurisprudência da Corte IDH é constante nesse tema, afirmando em Barrios Altos vs. Peru (2001) que leis que violem a CADH carecem de efeitos jurídicos. No caso Trabalhadores Desligados do Congresso vs. Peru (2006) e no caso Gelman vs. Uruguai (2011), a Corte IDH afirma que o país deve se ajustar de ofício, sem esperar uma condenação do Sistema Interamericano para tal. E, ainda, no caso Gomes Lund vs. Brasil (2010), a Corte IDH afirmou que a lei de anistia brasileira é incompatível com a CADH e determinou ao país a obrigação de legislar sobre o desaparecimento forçado de pessoas.

107.   64.   O Poder Executivo, por sua vez, tem o dever de construir políticas públicas para efetivar os direitos da CADH e das convenções relacionadas a ela – controle de convencionalidade construtivo. No caso Atala Riffo e crianças vs. Chile (2012), por exemplo, a Corte IDH condenou o Estado a construir políticas públicas para desarticular preconceitos.

108.   65.   Por fim, o Poder Judiciário tem o dever de realizar o controle de convencionalidade. Vale enfatizar que qualquer juiz ou tribunal possui a competência para realizar o controle difuso de convencionalidade para proteger um bloco de convencionalidade. O caso Almonacid Arellano vs. Chile (2006) é emblemático não só por ser a primeira vez que o termo controle de convencionalidade é expressamente empregado pela Corte IDH em uma sentença, mas também por determinar o dever de qualquer juiz ou tribunal realizá-lo. Já o caso Cabrera García e Montiel Flores (2010) é fundamental por ressignificar o *corpus juris* interamericano como um bloco de convencionalidade em que as Opiniões Consultivas e os entendimentos fixados nas sentenças e medidas provisionais formam uma espécie de coisa julgada interpretada que deve ser observada no processo de interpretação e aplicação da CADH como um

---

[55] Artigo 2. Dever de adotar disposições de direito interno – Se o exercício dos direitos e liberdades mencionados no artigo 1 ainda não estiver garantido por disposições legislativas ou de outra natureza, os Estados Partes comprometem-se a adotar, de acordo com as suas normas constitucionais e com as disposições desta Convenção, as medidas legislativas ou de outra natureza que forem necessárias para tornar efetivos tais direitos e liberdades.

[56] TERRILE, Ricardo Alejandro. *Estado constitucional y convencional de derecho.* E-book Kindle, 2017.

verdadeiro *material normativo controlante*, parâmetro de validade ou como normas de um instrumento vivo.

109.   Quando esgotados os recursos internos, é possível levar um caso à CIDH e, caso o Estado não responda satisfatoriamente e a CIDH leve até a Corte IDH, essa poderá proferir sentenças e medidas provisionais de caráter definitivo e inapelável, nos termos dos arts. 44[57] e 45[58] da CADH. A Corte IDH é responsável por realizar o controle concentrado de convencionalidade, exigindo o cumprimento dos padrões de proteção por meio da interpretação da CADH. Especificamente em caso de violações graves e sistemáticas aos direitos humanos, a CIDH pode deferir medidas cautelares e a Corte IDH pode deferir medidas provisionais, caso haja danos graves e urgentes ou o risco de danos irreparáveis.

110.   Para além desses mecanismos da CADH, o art. 37[59] da Carta da OEA prevê medidas para problemas graves e urgentes por meio de uma ação coletiva em caso de comprometimento do desenvolvimento e da estabilidade econômicos. Como, por exemplo, a ação cooperativa dos demais Estados por meio de uma atitude solidária para a erradicação da pobreza em um Estado necessitado.

111.   Note-se que a Carta da OEA não é um tratado bilateral tradicional que impõe obrigações recíprocas. Tampouco é um tratado-contrato em que o descumprimento de uma das partes desobriga o outro. A Carta da OEA é um tratado multilateral que pode ser descrito como um tratado-constituição, ou seja, um tratado cujos Estados membros devem continuar perseguindo as suas finalidades e agindo de forma solidária e comprometida com os direitos humanos, mesmo em relação ao Estado denunciante e a despeito de sua

---

[57]Artigo 44 – Qualquer pessoa ou grupo de pessoas, ou entidade não-governamental legalmente reconhecida em um ou mais Estados membros da Organização, pode apresentar à Comissão petições que contenham denúncias ou queixas de violação desta Convenção por um Estado Parte.

[58] Artigo 45 – 1. Todo Estado Parte pode, no momento do depósito do seu instrumento de ratificação desta Convenção ou de adesão a ela, ou em qualquer momento posterior, declarar que reconhece a competência da Comissão para receber e examinar as comunicações em que um Estado Parte alegue haver outro Estado Parte incorrido em violações dos direitos humanos estabelecidos nesta Convenção. 2. As comunicações feitas em virtude deste artigo só podem ser admitidas e examinadas se forem apresentadas por um Estado Parte que haja feito uma declaração pela qual reconheça a referida competência da Comissão. A Comissão não admitirá nenhuma comunicação contra um Estado Parte que não haja feito tal declaração. 3. As declarações sobre reconhecimento de competência podem ser feitas para que esta vigore por tempo indefinido, por período determinado ou para casos específicos. 4.As declarações serão depositadas na Secretaria-Geral da Organização dos Estados Americanos, a qual encaminhará cópia das mesmas aos Estados membros da referida Organização.

[59] Carta da OEA – Artigo 37 – Os Estados membros convêm em buscar, coletivamente, solução para os problemas urgentes ou graves que possam apresentar-se quando o desenvolvimento ou estabilidade econômicos de qualquer Estado membro se virem seriamente afetados por situações que não puderem ser solucionadas pelo esforço desse Estado.

denúncia. O art. 31 da Carta da OEA, por exemplo, trata da temática da cooperação interamericana para o desenvolvimento integral e a responsabilidade comum e solidária dos Estados membros, nos seguintes termos:

Artigo 31

A *cooperação interamericana para o desenvolvimento integral é responsabilidade comum e solidária dos Estados membros*, no contexto dos princípios democráticos e das instituições do Sistema Interamericano. Ela deve compreender os campos econômico, social, educacional, cultural, científico e tecnológico, apoiar a consecução dos objetivos nacionais dos Estados membros e respeitar as prioridades que cada país fixar em seus planos de desenvolvimento, sem vinculações nem condições de caráter político. (grifou-se)

112.   Perceba-se que a responsabilidade é comum e solidária de todos os Estados. Isso significa que, de maneira prática, os Estados membros que permanecem ratificando a Carta da OEA e a CADH devem trabalhar para o desenvolvimento integral, em uma cooperação interamericana. Nesse sentido, vale registrar a excelente síntese realizada pelo Prof. Sidney Guerra[60] dos deveres e direitos dos Estados:

"A da OEA, particularmente no capítulo IV, apresenta os direitos e deveres dos Estados que fazem parte da Organização Internacional. Importante registrar, desde logo, que o sistema interamericano é considerado bastante avançado nesta matéria, por ter consagrado no plano convencional de direitos e deveres dos Estados. Isso porque, a título exemplificativo, a Organização das Nações Unidas (ONU), considerada a principal organização do planeta, ainda não conseguiu tratar de maneira específica numa convenção internacional os citados pontos.

Assim, podem ser apresentados os seguintes direitos e deveres dos Estados americanos, o direito de igualdade (artigo 10 – os Estados são juridicamente iguais, desfrutam de iguais direitos, e igual capacidade de exercê-los, e têm deveres iguais). Os direitos de cada um não dependem do poder de que dispõem para assegurar o seu exercício, mas sim do simples fato da sua existência com personalidade jurídica internacional; respeito recíproco (artigo 11 – todo Estado americano tem o dever de respeitar os direitos dos demais Estados de acordo com o direito internacional); impossibilidade de restringir o direito dos Estados (artigo 12 – os direitos fundamentais dos Estados não podem ser restringidos de maneira alguma); existência independe do reconhecimento (art. 13 – a existência política do Estado é independente do seu reconhecimento pelos outros Estados. Mesmo antes de ser reconhecido, o Estado tem o direito de defender a sua integridade e independência, de promover a sua conservação e prosperidade, e,

[60] GUERRA, Sidney. *O Sistema interamericano de proteção dos Direitos Humanos e o controle de convencionalidade.* Curitiba: Instituto Memória, 2019, p. 72.

37

por conseguinte, de se organizar como melhor entender, de legislar sobre os seus interesses, de administrar os seus serviços e de determinar a jurisdição e a competência dos seus tribunais. O exercício desses direitos não tem outros limites senão o exercício dos direitos de outros Estados, conforme o direito internacional) e (artigo 14 – o reconhecimento significa que o Estado que outorga aceita a personalidade do novo Estado com todos os direitos e deveres que, para um e para outro, determina o direito internacional; direito de proteção e existência (artigo 15 – ...); direito à jurisdição (artigo 16 – ...); direito ao desenvolvimento (artigo 17 – ...); *pacta sunt servanda* (artigo 18...); não intervenção (artigo 19 – ...); vedação de medidas coercitivas (artigo 20 – ...), inviolabilidade do território (artigo 21 – ...)."

113.   Quanto aos **mecanismos para implementação desses propósitos**, é preciso registrar que não cabe aos demais Estados a intervenção direta em um Estado por outro, tampouco cabe intervenção da OEA no referido país. O Estado que viola grave e sistematicamente um direito humano, previsto na Carta da OEA e na CADH pode, no máximo, ser objeto de medidas coercitivas. Essa é a interpretação dominante da Carta da OEA em conjunto com o TIAR. A Carta da OEA, por exemplo, rejeita qualquer atividade interventiva ou agressiva de um Estado a outro, o que fica claro em seus arts. 19, 20, 28 e 29, na íntegra:

Artigo 19

Nenhum Estado ou grupo de Estados tem o direito de intervir, direta ou indiretamente, seja qual for o motivo, nos assuntos internos ou externos de qualquer outro. *Este princípio exclui não somente a força armada, mas também qualquer outra forma de interferência ou de tendência atentatória à personalidade do Estado* e dos elementos políticos, econômicos e culturais que o constituem. (grifou-se)

Artigo 20

Nenhum Estado poderá aplicar ou estimular medidas coercivas de caráter econômico e político, para forçar a vontade soberana de outro Estado e obter deste vantagens de qualquer natureza. (grifou-se)

Artigo 28

Toda agressão de um Estado contra a integridade ou a inviolabilidade do território, ou contra a soberania, ou a independência política de um Estado americano, será considerada como um ato de agressão contra todos os demais Estados americanos.

Artigo 29

Se a inviolabilidade, ou a integridade do território, ou a soberania, ou a independência política de qualquer Estado americano forem atingidas por um ataque armado, ou por uma agressão que não seja ataque armado, ou por um conflito extracontinental, ou por um conflito entre dois ou mais Estados americanos, ou por qualquer outro fato ou situação que possa pôr em perigo a paz da América, *os Estados americanos, em obediência aos princípios de solidariedade continental, ou de legítima defesa coletiva, aplicarão as medidas e processos estabelecidos nos tratados especiais existentes sobre a matéria.* (grifou-se)

114. A vedação do uso da força decorre da Carta das Nações Unidas, que veda o uso da força para solução de controvérsias internacionais e institui um sistema de segurança coletivo em que apenas o Conselho de Segurança está legitimado a empregá-lo. Jimenez de Arecha explica que, de um lado, a OEA não é uma instância necessária para se recorrer ao Conselho de Segurança e, de outro, que, no caso de uma eventual intervenção, a atuação da OEA é como uma espécie de mandatário da ONU. Os Estados só podem empregar a força, segundo o renomado autor uruguaio, nos termos do art. 53 da Carta da ONU, em casos de legítima defesa e de Estados inimigos – essa última caducara depois de os países entrarem no sistema ONU[61].

115. Nesse sentido, Jean Michel Arrighi descarta o uso da força direta e autonomamente por parte da OEA. Caso deseje, deverá ser solicitada ao Conselho de Segurança. Não obstante, admite o uso de medidas coercitivas, sem recorrer ao Conselho de Segurança, como aquelas, previstas nos arts. 41 e 53 da Carta da OEA e art. 8 do TIAR, como o rompimento de relações econômicas, comunicações, diplomáticas e de transporte[62-63].

116. Para além dos mecanismos da Carta da OEA, os Estados membros podem deferir o **asilo político (territorial e diplomático)**[64] e o **refúgio** em relação às violações graves e sistemáticas aos direitos humanos. O instituto do refúgio está previsto nos arts. 17[65], 18[66] e 27[67], dentre outros, da DADDH. A

---

[61] ARÉCHAGA, Eduardo Jiménez de. La coordination des systèmes de L'ONU et de l'Organisation des États Américains pour le règlement pacifique des différends et la sécurité collective. *Recueil des cours*, 111, 1964, p. 453 e ss.

[62] Artigo 8º Sem prejuízo das gestões de caráter conciliador ou pacificador que o órgão de consulta realize, poderá ele, nos casos previstos nos artigos 3º, 5º e 7º adotar uma ou mais das seguintes medidas: retirada dos chefes de missão, rompimento de relações diplomáticas, rompimento de relações consulares, interrupção parcial ou total das relações econômicas ou das comunicações ferroviárias, marítimas, aéreas, postais, telegráficas, telefônicas, radiotelefônicas ou radiotelegráficas ou outros meios de comunicação, e emprego da força armada.

[63] ARRIGHI, Jean Michel. *OEA – Organização dos Estados Americanos.* São Paulo: Manole, 2004, p. 64.

[64] LEGALE, Siddharta; SOUSA, Adriano Correa de. Asilo político: uma proposta alternativa sob a ótica constitucional. *Revista de Direito dos Monitores da Universidade Federal Fluminense*, v. 1, 2008, p. 3-35.

[65] **Artigo 17** Toda pessoa tem direito a ser reconhecida, seja onde for, como pessoa com

DADDH traz, brevemente, direitos humanos que podem vir a servir como núcleo essencial para o instituto do refúgio, como o reconhecimento de toda pessoa como detentora de direitos e obrigações. A Convenção de 1951 e o Protocolo de 1967 tratam do tema do refúgio. Há também mecanismos de proteção internacional dos direitos humanos de caráter universal, em caso de denúncia do sistema regional de direitos humanos. É possível amparar indivíduos no plano internacional por três vias: **proteção diplomática, sistema universal** (por exemplo, a Comissão de Direitos Humanos), e **Tribunal Penal Internacional**.

117.   A **proteção diplomática** é um instituto de direito internacional pelo qual um Estado assume a titularidade de um litígio de seu nacional. Embora tradicionalmente identificada como ato discricionário do Estado, e não uma obrigação devida ao seu nacional, a proteção diplomática pode ser um meio de reivindicação internacional por violação de direitos humanos. É atualmente contestável que haja um direito subjetivo à proteção diplomática. No entanto, que a proteção diplomática possa ser uma opção além dos sistemas especializados na proteção de direitos humanos é uma posição encontrada na Comissão de Direito Internacional das Nações Unidas. De fato, os próprios Estados que endossam seus nacionais conferindo-lhes proteção diplomática, ainda que assumam a titularidade da lide, não perdem de vista tratar-se de uma controvérsia que versa de direitos individuais.

118.   A proteção diplomática não é, em si, um mecanismo de proteção internacional de direitos humanos, mas tem condão de viabilizar o acesso a mecanismos internacionais para proteção de direitos humanos. Seria elevar determinada violação de direitos humanos ao nível de contencioso internacional, seja pela via negocial, seja pela via judicial.

119.   Ainda assim, a proteção diplomática possui escopo de aplicação bastante limitado. Isso porque, além do requisito de exaustão dos recursos internos, o Estado somente pode endossar seus nacionais no território de outrem. Dessa forma, as pessoas sujeitas à jurisdição do Estado denunciante, a princípio, fariam jus à proteção diplomática caso fossem nacionais de outro Estado. Caso um Estado pretenda exercer proteção diplomática de indivíduo de sua nacionalidade contra outro Estado do qual aquele mesmo indivíduo também é nacional, o Projeto da Comissão de Direito Internacional sobre Proteção Diplomática, em seu art. 7, indica tal possibilidade pelo critério da nacionalidade dominante.

---

direitos e obrigações, e a gozar dos direitos civis fundamentais.

[66] **Artigo 18** Toda pessoa pode recorrer aos tribunais para fazer respeitar os seus direitos. Deve poder contar, outrossim, com processo simples e breve, mediante o qual a justiça a proteja contra atos de autoridade que violem, em seu prejuízo, qualquer dos direitos fundamentais consagrados constitucionalmente.

[67] **Artigo 27** Toda pessoa tem o direito de procurar e receber asilo em território estrangeiro, em caso de perseguição que não seja motivada por delitos de direito comum, e de acordo com a legislação de cada país e com as convenções internacionais.

120. Outra interessante possibilidade apontada pelo Projeto da Comissão de Direito Internacional sobre Proteção Diplomática diz respeito ao exercício do instituto para endossar pessoas apátridas, constante no art. 8(1). Uma leitura atenta do texto do dispositivo demonstra que os requisitos para que um Estado exerça proteção diplomática em relação a indivíduo apátrida são que ele resida habitualmente e legalmente em seu território na data do evento danoso e da apresentação oficial do litígio. Desse modo, apátrida que tenha domicílio em determinado Estado, mas que tenha tido direitos violados enquanto estava sob jurisdição do Estado denunciante é passível de endosso pelo Estado em que tem domicílio.

121. Além dos vínculos de nacionalidade acima descritos, outro relevante requisito para o cabimento da proteção diplomática é a exaustão dos recursos internos. Portanto, não basta que o indivíduo seja elegível para endosso com base em critérios de nacionalidade, mas também se devem exaurir os meios jurídicos internos do Estado contra o qual se pretende exercer a proteção diplomática.

122. Há dificuldade no exercício da proteção diplomática contra um Estado do qual o indivíduo seja nacional, embora haja possibilidade. Contra o Estado denunciante e a favor de pessoas sob sua jurisdição, o instituto da proteção diplomática parece ser mais cabível quando se trata de estrangeiros. O sistema internacional hoje conta com múltiplos mecanismos de proteção de direitos humanos. Pessoas que estejam enfrentando um quadro de violações graves e sistemáticas de direitos humanos e sujeitas à jurisdição do Estado denunciante podem ser acudidas por meio de alguns desses mecanismos.

123. Em relação aos indivíduos, esses poderiam recorrer à proteção internacional de direitos humanos em diversos mecanismos no âmbito universal, que pressupõe a coordenação e harmonização com o sistema regional, como esclarece Cançado Trindade[68]. Até por isso, a CADH veda que um caso submetido a outro sistema, seja também submetido à CIDH, nos termos de seu art. 44. Trata-se de uma espécie de vedação da litispendência internacional. Atualmente, o sistema universal conta com diversos órgãos responsáveis pela aplicação de tratados específicos de direitos humanos. Não existe controle apenas no controle de convencionalidade realizado pela Corte IDH. Há controle também por parte de outros órgãos dos demais tratados[69], como os seguintes:

1. Comitê de Direitos Humanos;
2. Comitê de Direitos Econômicos, Sociais e Culturais;
3. Comitê para Eliminação da Discriminação Racial;

---

[68] CANÇADO TRINDADE, Antônio Augusto. Co-existence and co-ordination of mechanisms of international protection of Human Rights: (at global and regional levels). *Recueil des cours*, t. 202, 1987.

[69] Para uma análise mais detalhada, cf. RAMIREZ, Manuel Becerra. *El control de la aplicación del derecho internacional. En el marco del Estado de derecho.* México, UNAM, 2013.

4. Comitê para Eliminação da Discriminação Contra Mulheres;
5. Comitê contra a Tortura;
6. Comitê sobre os Direitos da Criança;
7. Comitê sobre Trabalhadores Migrantes;
8. Comitê sobre Desaparecimentos Forçados; e
9. Comitê sobre os Direitos das Pessoas com Deficiência.

124. Com exceção do Comitê sobre Trabalhadores Migrantes, todos os Comitês admitem uma via de petição individual, ora a partir da ratificação de um protocolo facultativo à convenção principal, ora por meio de uma declaração do Estado membro admitindo a competência do Comitê para receber esse tipo de petição, dependendo da forma estabelecida em tal convenção. Desse modo, acredita-se que, na forma das petições individuais, os *treaty bodies* sejam capazes de acudir as pessoas sujeitas à jurisdição do Estado denunciante, contanto que os instrumentos pertinentes tenham sido ratificados por esse Estado e que estejam presentes os requisitos de admissibilidade.

125. O Conselho de Direitos Humanos das Nações Unidas é um órgão das Nações Unidas, criado pela Resolução 60/251 da Assembleia Geral das Nações Unidas, adotada em 2006, em substituição ao antigo Comitê de Direitos Humanos das Nações Unidas. O Conselho realiza revisões periódicas universais nas quais os Estados membros da ONU apresentam relatórios sobre a situação dos direitos humanos sob sua jurisdição. Embora receba reclamações de indivíduos e grupos, o órgão serve como fórum de diálogo e cooperação intergovernamental, não sendo adequado para acudir pessoas que concretamente tiveram seus direitos humanos violados.

126. O Conselho herdou as estruturas armadas pela antiga Comissão de Direitos Humanos das Nações Unidas. Portanto, é o articulador dos grupos de trabalho e relatorias especiais com caráter mais intergovernamental, uma vez que esses têm seu mandato conferido por fonte não convencional.

127. No âmbito dos grupos de trabalho e relatorias especiais, pelos motivos acima descritos, é possível falar em acudir as pessoas sujeitas à jurisdição do Estado denunciante. Embora não haja procedimento formal para acesso a esses mecanismos, eles podem colher informações diretamente da sociedade civil acerca da necessidade de que um governo adote determinadas medidas de combate à violação dos direitos humanos.

128. De fato, a Resolução 1.235 (XLII) do Conselho Econômico e Social da ONU conferiu mandato para que a então Comissão de Direitos Humanos da ONU apurasse violações de direitos humanos em todos os países, e elaborasse estudos com os achados. A Resolução 1.503 (XLVIII) do Conselho Econômico e Social da ONU regrou como tais estudos seriam elaborados.

129. A Declaração Universal dos Direitos Humanos, adotada em 1948, abriu espaço para a criação de dois importantes instrumentos internacionais de direitos

humanos: o Pacto Internacional sobre Direitos Civis e Políticos e o Pacto Internacional sobre Direitos Econômicos, Sociais e Culturais, ambos de 1966. A Declaração e os dois tratados formam, em conjunto, a chamada Carta Internacional de Direitos Humanos e inauguram o sistema universal de direitos humanos, que viria a ser largamente expandido nas seguintes décadas, com o surgimento de diversos tratados multilaterais em matéria de direitos humanos.

130.   Em ordem cronológica, os seguintes tratados internacionais multilaterais em matéria de direitos humanos que integram o sistema universal se encontram em vigência: Convenção Internacional sobre a Eliminação de Todas as Formas de Discriminação Racial (1965), Pacto de Direitos Civis e Políticos (1966), Pacto de Direitos Econômicos, Sociais e Culturais (1966), Convenção sobre a Eliminação de Todas as Formas de Discriminação contra as Mulheres (1979), Convenção contra a Tortura e outros Tratamentos ou Penas Cruéis, Desumanos ou Degradantes (1984), Convenção sobre os Direitos da Criança (1989), Convenção Internacional sobre a Proteção dos Direitos de Todos os Trabalhadores Migrantes e dos Membros de suas Famílias (1990), Convenção Internacional para Proteção de Todas as Pessoas Contra o Desaparecimento Forçado (2006) e Convenção sobre os Direitos das Pessoas com Deficiência (2006).

131.   As convenções, ademais de conterem uma série de provisões de conteúdo material a respeito de direitos humanos em espécie, também instituem mecanismos visando à efetivação desses direitos. Pessoas sob jurisdição do Estado denunciante podem ser acudidas por tais mecanismos de proteção internacional de direitos humanos. Como condição precípua, é necessário que os tratados internacionais tenham sido ratificados pelo Estado denunciante. Caso contrário, não há que se falar em aplicação da norma convencional perante o Estado, em conteúdo material e quanto ao regime de solução de controvérsias.

132.   O Pacto Internacional sobre Direitos Civis e Políticos institui e regula o Comitê de Direitos Humanos em seu art. 28 e seguintes. Esse Comitê, composto de 18 especialistas em direitos humanos, nacionais dos Estados Partes, eleitos periodicamente, é o órgão internacional de monitoramento e execução do tratado, e os Estados membros têm obrigação de provê-lo de relatórios sobre a implementação das disposições convencionais.

133.   Além disso, o Comitê de Direitos Humanos também possui competência para analisar violações concretas do Pacto, mediante certas condições. A primeira delas é a tradicional exaustão dos recursos internos, segundo a qual é necessário comprovar que não restam medidas jurídicas cabíveis providas pelo Estado para reclamação da violação.

134.   Ainda, para que exista competência do Comitê de Direitos Humanos para receber comunicações de avenças interestatais, é necessário que haja uma declaração do Estado estabelecendo tal competência – tanto do Estado notificante quanto do Estado notificado. É necessário dizer que, embora capaz de analisar a disputa interestatal, o Comitê não tem função adjudicante, mas se

assimila a um mediador, visando a encontrar uma solução negociada entre os Estados na controvérsia.

135.   Muito mais capaz de atender as pessoas sujeitas à jurisdição do Estado denunciante é o sistema de petições individuais instituído pelo Protocolo Facultativo de 1966, que constitui um importante mecanismo de proteção. O sistema de petições individuais permite que indivíduos possam peticionar diretamente ao Comitê, insurgindo-se contra violações de seus direitos cometidas por Estados membros. Isso só será possível caso o Estado em questão tenha ratificado também o Protocolo Facultativo, além do Pacto. Como requisitos de admissibilidade, novamente existem a regra da exaustão dos recursos internos e uma espécie de litispendência, vedando a apreciação pelo Comitê de casos sendo deliberados em outras instâncias internacionais.

136.   Ao apreciar o caso levado por um indivíduo, o Comitê pode expedir uma recomendação ao Estado caso determine que houvera violação de um direito previsto no Pacto de Direitos Civis e Políticos. Não há, entretanto, sanção atribuída em caso de descumprimento da recomendação emitida, sendo o constrangimento de ser taxado como violador de direitos humanos a maior consequência do procedimento que entende pela violação.

137.   O Pacto Internacional sobre Direitos Econômicos, Sociais e Culturais conta com mecanismo de proteção similar ao Pacto Internacional sobre Direitos Civis e Políticos: o Comitê de Direitos Econômicos, Sociais e Culturais, que foi estabelecido por meio da Resolução 1985/17 do Conselho Econômico e Social, com atribuições e forma semelhantes ao Comitê de Direitos Humanos. Além disso, também se instituiu o direito de petição individual e o procedimento de comunicação interestatal por meio de um Protocolo Facultativo à convenção.

138.   Como se nota, os mecanismos de proteção dos direitos humanos no âmbito universal são específicos para cada instrumento – disso decorre serem conhecidos como *treaty bodies* –, embora similares entre si.

139.   O **Tribunal Penal Internacional,** constituído pelo Estatuto de Roma, é um tribunal cuja função é julgar indivíduos pelo cometimento de determinados crimes internacionais, que por sua natureza gravíssima afetam a comunidade internacional. Tais crimes, comumente, envolvem massivas violações de direitos humanos.

140.   A Promotoria, um órgão interno do TPI, nos termos do art. 15 do Estatuto de Roma, possui competência para abrir um inquérito, mediante autorização do Juízo de Instrução, e averiguar o suposto cometimento dos crimes internacionais sob jurisdição do Tribunal. Essa competência pode ser exercida de ofício, caso a Promotoria entenda que há fundamento suficiente nas informações de que dispõe. Desse modo, é possível que indivíduos possam fornecer informações a respeito do cometimento de crimes internacionais que violem seus direitos à Promotoria, e impulsionem, assim, um eventual litígio contra seu perpetrador.

141.   A jurisdição do TPI é primeiramente condicionada aos Estados

membros do Estatuto de Roma e ao julgamento dos crimes taxativamente elencados em seu Estatuto. Ademais, só há admissibilidade de um litígio caso esse não seja objeto de inquérito ou procedimento judicial nacional em curso por um Estado que tenha jurisdição sobre ele, ou caso esse Estado não tenha vontade ou capacidade de conduzir tal inquérito ou procedimento, conforme o art. 17 do Estatuto de Roma.

142.   Os crimes internacionais passíveis de jurisdição do TPI estão listados no art. 5 de seu Estatuto: crime de genocídio, crimes contra a humanidade, crimes de guerra, e crimes de agressão. Deve-se observar que é possível recorrer a outros instrumentos internacionais para melhor delimitar o significado dos crimes trazidos pelo Estatuto de Roma. Assim, o recurso à Convenção para a Prevenção e Repressão do Crime de Genocídio ou à Convenção Internacional para a Proteção de Todas as Pessoas contra o Desaparecimento Forçado justifica-se. Sobre o crime de agressão, ressalta-se que esse pendia definição até 2017, embora ainda hoje não seja possível para o TPI exercer jurisdição sobre tal crime em relação a todos os Estados membros, como o faz para os demais crimes.

143.   É forçoso notar, no entanto, que esse foro não é propriamente ideal para a proteção de direitos humanos subjetivos, no que diz respeito às vítimas dessas violações. O propósito maior desse tribunal é a persecução penal internacional das pessoas naturais responsáveis, mais do que o amparo às vítimas de seus crimes. Assim, sua pertinência para acudir as pessoas sujeitas ao Estado denunciante só existe em uma compreensão mais ampla do verbo acudir. No entanto, o Tribunal certamente é adequado para julgar violações graves e sistemáticas de direitos humanos.

144.   De todo modo, as vítimas têm determinados direitos perante o TPI fundamentados no Estatuto de Roma, no Regulamento de Procedimentos e Regras e no Regulamento do Tribunal e da Secretaria: direito à participação, direito à publicidade, direito à proteção e direito à reparação. Assim, caso suas condições de jurisdição estejam presentes, as violações de direitos humanos sejam fruto de um dos crimes internacionais que o TPI detém competência para processar – respeitados os requisitos de admissibilidade –, as vítimas reivindiquem seus direitos nos termos dos instrumentos aplicáveis, o Tribunal Penal Internacional é um mecanismo de proteção internacional de direitos humanos capaz de acudir as pessoas sujeitas à jurisdição do Estado denunciante da CADH e da Carta da OEA.

CONCLUSÃO

145. Em desfecho, cabe compendiar de forma resumida as principais respostas às perguntas formuladas pela Opinião Consultiva:

(I) Quais são as obrigações em matéria de direitos humanos que tem um Estado membro da Organização dos Estados Americanos que denunciou a Convenção Americana de Direitos Humanos?

146. O Estado que denuncia a CADH tem a obrigação de notificar o secretário-geral da OEA com antecedência de um ano e informar aos demais Estados Partes, nos termos do art. 78. A jurisprudência da Corte IDH é constante e pacífica no sentido de proibir a desvinculação imediata das obrigações e da responsabilidade decorrentes de violações à CADH antes de a denúncia estar apta a produzir efeitos, nos termos da jurisprudência da Corte IDH nos casos Tribunal Constitucional vs. Peru (2001); e Hilaire, Constantine e Benjamin e outros vs. Trinidad e Tobago (2002), López Soto vs. Venezuela (2018).

(II) No caso de tal Estado denunciar também a Carta da Organização dos Estados Americanos e buscar retirar-se da Organização, quais são os efeitos que tal denúncia e saída têm sobre as obrigações a que se refere a primeira pergunta?

147. A Carta da OEA é um tratado-constituição, um tratado multilateral de natureza especial. Tanto é assim que todos os Estados da América fazem parte da OEA. No máximo, Estados foram suspensos, como é o caso de Cuba por um longo período, ou como a República Dominicana e Honduras por períodos mais curtos[70]. Significa que, ainda que haja a denúncia, o Estado denunciante não se exime de respeitar as obrigações *erga omnes* e as normas de *jus cogens*, como o *pacta sunt servanda*, a vedação do uso da força nas relações internacionais e o princípio da igualdade e não discriminação, segundo a jurisprudência da Corte IDH na OC-18/03 e no caso Villagrán Morales vs. Guatemala (1999). Como normas imperativas de direito internacional, oriundas de um instrumento vivo, esse processo de constitucionalização da CADH envolve sua elevação hierárquica por meio de um costume internacional a partir do qual certos valores e princípios da Carta da OEA e da CADH adquirem o *status* de uma espécie de Constituição Transnacional, *material normativo controlante* ou parâmetros de validade, ao qual toda a legislação, atos administrativos e decisões judiciais devem subordinar-se contra ou a despeito da vontade do Estado, exigindo-se o respeito a certos direitos e garantias.

---

[70] ARRIGHI, Jean Michel. *La OEA y el Derecho Internacional.* México: Editorial Porrua, 2015, p. 68-9.

(III) Quando surge um quadro de violações graves e sistemáticas dos direitos humanos que ocorra sob a jurisdição de um Estado das Américas que tenha denunciado a Convenção Americana de Direitos Humanos e a Carta da OEA,

a) Que obrigações em matéria de direitos humanos têm os demais Estados membros da OEA?

148.   Os Estados têm a obrigação de garantir a paz e a segurança do continente americano. Devem, para tanto, trabalhar para o desenvolvimento integral por meio de uma cooperação interamericana bilateral e multilateral para evitar violações aos direitos humanos no Estado que denunciou a CADH e a Carta da OEA. Não pode, contudo, para implementação desses propósitos, realizar uma intervenção direta de um Estado por outro Estado, tampouco cabe intervenção da OEA no referido país, posto que tal competência pertence ao Conselho de Segurança das Nações Unidas. Poderiam, contudo, acionar e apoiar esse sistema de segurança coletiva, caso entendam cabível.

b) De quais mecanismos dispõem os Estados membros da OEA para tornar efetivas tais obrigações?

149.   Embora não seja cabível a intervenção direta por parte do Estado ou por parte da OEA, os Estados americanos podem oferecer a cooperação internacional, a proteção diplomática, o asilo político ou o refúgio.

c) A que mecanismos de proteção internacional de direitos humanos podem acudir as pessoas sujeitas à jurisdição do Estado denunciante?

É possível recorrer ao Tribunal Penal Internacional ou, ainda, a um dos órgãos do sistema universal de proteção dos direitos humanos, como o Comitê de Direitos Humanos; Comitê de Direitos Econômicos, Sociais e Culturais; Comitê para Eliminação da Discriminação Racial; Comitê para Eliminação da Discriminação Contra Mulheres; Comitê contra a Tortura; Comitê sobre os Direitos da Criança; Comitê sobre Trabalhadores Migrantes; Comitê sobre Desaparecimentos Forçados; e Comitê sobre os Direitos das Pessoas com Deficiência.

PÓS-ESCRITO: A CASOTECA SOBRE A DENÚNCIA DA CADH

146.   Em parceria com o grupo de pesquisa **Casoteca do Núcleo Interamericano de Direitos Humanos** (Casoteca do NID – UFRJ)[71] do prof. Siddharta Legale, a equipe de pesquisadores produziu resumos e análises de casos envolvendo as três principais denúncias da Convenção Americana de Direitos Humanos, envolvendo os Estados do Peru, Trinidad e Tobago e Venezuela, considerando os seguintes casos da Corte IDH:

- Tribunal Constitucional vs. Peru (2001) – Siddharta Legale;
- Ivcher Bronstein vs. Peru (2001) – Tayara Causanilhas;
- Hilaire, Constantine e Benjamin e outros vs. Trinidad e Tobago (2002) – Danilo Sardinha; e
- López Soto vs. Venezuela (2018) – Maria Carolina Ribeiro de Sá.

---

[71] Um repositório mais amplo de resumos e análises de relatórios da CIDH, bem como de opiniões consultivas, sentenças e medidas provisionais da Corte IDH, pode ser encontrado na Casoteca do NIDH – UFRJ, em: https://nidh.com.br/category/casoteca/.

●

TRIBUNAL CONSTITUCIONAL VS. PERU (2001)

Siddharta Legale[72]

147.   Um dos casos mais polêmicos e importantes relacionados à denúncia do Estado peruano e seus efeitos é o caso da Corte IDH conhecido como Tribunal Constitucional vs. Peru (2001), em que a juíza Delia Revoredo Marsano de Mur e outros foram destituídos do cargo de magistrados do Tribunal Constitucional pelo regime Fujimori.

148.   A CIDH demandou à Corte IDH que decidisse se o Estado do Peru violou a obrigação de respeitar direitos (art. 1), a obrigação de adotar disposições de direito interno (art. 2), as garantias judiciais (art. 8.1 e 8.2.b), os direitos políticos (23.1.c), a proteção judicial (art. 25.1), da CADH, em prejuízo de Manuel Aguirre Roca, Guilhermo Rey Terry e Delia Revoredo Marsano – todos magistrados do Tribunal Constitucional do Peru. A CIDH recebeu a denúncia, no dia 15 de maio de 1997, de 27 deputados do Congresso do Peru, referente à destituição de magistrados do Tribunal Constitucional.

149.   O pano de fundo do caso é político. Em 1992, o presidente Fujimori dissolveu o Congresso e destituiu diversos juízes da Corte Suprema de Justiça. Em 1993, foi aprovada a nova Constituição por referendo, permitindo a reeleição. Em 1996, conformou-se um novo Tribunal Constitucional. No mesmo ano, o Congresso aprovou uma lei que não computava os mandatos anteriores ao advento da nova Constituição para fins da reeleição presidencial.

150.   O Tribunal Constitucional, ao julgar uma ação de inconstitucionalidade, decidiu que a lei violava o art. 112 da Constituição peruana. Os magistrados decidiram que Fujimori não poderia concorrer a um terceiro mandado, declarando a inconstitucionalidade da lei "interpretativa" peruana, que previa a possibilidade de mais uma candidatura presidencial.

151.   O presidente do Congresso convocou os magistrados para fundamentar a sua decisão e, posteriormente, destituiu os magistrados, que chegaram a ajuizar ações de amparo contra a decisão, mas foram julgadas infundadas. Em 1999, após a negativa do Estado em acordar uma solução amistosa, segundo registra o próprio documento do caso no *site* da Corte IDH, a CIDH submeteu a causa à jurisdição contenciosa da Corte IDH.

152.   A Corte IDH reconheceu a própria competência para conhecer o caso.

---

[72] Professor Adjunto de Direito Constitucional e Direitos Humanos da FND-UFRJ. Pós-doutorando e Doutor em Direito Internacional pela UERJ. Mestre em Direito Constitucional e Bacharel pela UFF. Coordenador do Núcleo Interamericano de Direitos Humanos, da Casoteca e Clínica Interamericana de Direitos Humanos da UFRJ. Advogado. E-mail: siddhartalegale@hotmail.com.

Em 1999, a CIDH concordou em levar o caso para a Corte IDH por violação às garantias judiciais (art. 8), aos direitos políticos (art. 23), à proteção judicial (art. 25), à obrigação de respeitar direitos (art. 1) e à obrigação de adotar disposições de direito interno (art. 2). Solicitou, igualmente, a reparação integral e adequada aos magistrados. O Peru chegou a tentar retirar-se da Convenção para não ser julgado. A Corte IDH, porém, considerou inadmissível a retirada de declaração de reconhecimento da competência da Corte com efeitos imediatos, razão pela qual reputou irrelevante a tentativa de se retirar da demanda. Decidiu ser competente para julgar, haja vista que o Peru assinou a Convenção em 1978 e reconhece a competência contenciosa da Corte desde 1981.

153.   Em 2000, foram solicitadas medidas provisionais pelas partes para proteger a integridade física, psíquica e moral da magistrada Delia Revoredo. Esse ponto é particularmente relevante, porque, considerando a gravidade, urgência e risco de danos irreparáveis, o presidente da Corte, Cançado Trindade, deferiu o pleito. Apesar do não comparecimento do Estado do Peru, que chegou a se retirar do tratado de direitos humanos, a Corte IDH prosseguiu com o julgamento, nos termos do art. 27 do seu Regimento. Em seguida, passou a apreciar o mérito, sob o fundamento de que a denúncia não pode ter efeitos imediatos.

154.   Quanto à violação às garantias judiciais (art. 8), a Corte IDH consignou que os magistrados das Cortes Constitucionais devem contar com garantias de independência, autonomia e imparcialidade. A inamovibilidade dos juízes encontra-se implícita na garantia do art. 8.1 da CADH. Declarou-se que o procedimento de destituição deve ser estabelecido na Constituição para evitar arbitrariedades em função de mudanças eleitorais.

155.   No caso, o procedimento contemplado na Constituição peruana não pode ser empregado para controlar a jurisdição constitucional, tampouco para exercer pressão sobre essa. Houve uma interferência ilegítima na função dos juízes. O Congresso violentou a "imparcialidade subjetiva", posto que vários parlamentares possuíam convicções formadas a respeito da lei declarada inconstitucional. Os procedimentos sancionatórios devem atuar em conformidade com a legalidade, a proporcionalidade e o devido processo legal. No caso, o juízo político foi arbitrário e discriminatório, violentando o direito de defesa das vítimas.

156.   Em seguida, a Corte IDH entendeu que houve restrição ao direito de defesa dos magistrados e violação ao art. 8 em prejuízo de Manuel Aguirre Roca, Guilherme Rey Terry e Delia Revoredo Marsano. Qualquer autoridade que se invista de funções materialmente jurisdicionais deve respeitar as garantias do art. 8. Nesse sentido, a própria Constituição do Peru veda a responsabilização por seus votos e opiniões no exercício do cargo.

157.   Quanto à violação à proteção judicial (art. 25), a Corte IDH destacou a inexistência de recursos internos efetivos, o que coloca a vítima em situação de indefesa, posto que a Corte Constitucional se recusou a apreciar o processo de

retirada dos magistrados alegando tratar-se de um processo político. Os remédios foram ilusórios e inefetivos. Foi violado o direito à proteção judicial.

158.   Quanto aos direitos políticos (art. 23), a sentença consignou que há vícios no processo de acusação dos magistrados do Tribunal Constitucional, bem como não houve um recurso efetivo. A destituição de uma função pública, que foi obtida em condições de igualdade, violou os direitos políticos do art. 23, visto que foi uma represália política do governo e do Legislativo contra o Poder Judiciário.

159.   Quanto ao descumprimento da obrigação de respeitar direitos (art. 1.1) e o dever de adotar disposições de direito interno (art. 2), a Corte IDH entendeu que também não foi cumprido o dever geral de respeitar direitos e liberdades reconhecidos na Convenção, que determina, nesse artigo e no preâmbulo, a necessidade de consolidar instituições democráticas.

160.   Por fim, a Corte IDH destaca, a partir do art. 63.1 da CADH, a obrigação internacional de reparar um dano causado em função de uma infração anterior, assim como o pagamento como compensação pelos danos ocasionados e o reembolso pelas custas e gastos com o processo perante a Corte IDH.

161.   Nos pontos resolutivos, a Corte IDH, por unanimidade, decidiu que o Estado: (i) violou as garantias judiciais do art. 8; (ii) violou a proteção judicial do art. 25; (iii) descumpriu a obrigação de respeitar direitos do art. 1.1; (iv) deve ordenar a investigação para determinar pessoas responsáveis por violar os direitos humanos; (v) deve pagar os salários não pagos dos magistrados destituídos do cargo; (vi) deve pagar às vítimas as custas e os gastos. Por fim, consignou que supervisionaria o cumprimento da sentença antes de dar por encerrado o caso.

162.   Esse caso integra o ciclo de casos peruanos[73], em que a Corte IDH condena o Estado, invalida leis (Barrios Altos, de 2001), invalida certos atos (Tribunal Constitucional, de 2001) e invalida julgamentos por tribunais militares e por juízes encapuzados (Loayza Tamayo, de 1997, e Castillo Petruzzi, de 1999).

163.   Quanto ao acesso à própria Corte IDH, os casos Loyaza Tamayo (1997) e Tribunal Constitucional (2001) possuem mais um aspecto profundamente interessante, cuja mera leitura do *site* ou do caso da Corte IDH, como a realizada acima, não deixa entrever facilmente. Antônio Augusto Cançado Trindade, em entrevista ao canal do *YouTube* Debates Virtuais[74], esclareceu que conheceu de ofício o pedido dos magistrados em função da prerrogativa como presidente, sem que o caso passasse pela CIDH, conhecendo diretamente o caso na Corte IDH a pedido das partes lesadas.

---

[73] LEGALE, Siddharta. *A Corte Interamericana de Direitos Humanos como Tribunal Constitucional.* Rio de Janeiro: Lumen Juris, 2019, capítulo 2.

[74] Confira-se a entrevista, por ocasião do Curso de Direito Internacional da OEA de 2016, ao Canal no *YouTube* Debates Virtuais. Disponível em: <https://www.youtube.com/watch?v=-4FQgidgL5U&t=2361s>.

164.   Em artigo acadêmico, defendi em parceria com o prof. Eduardo Val, que esse caso representa o que denominamos de "mutação convencional", ou seja, um processo informal de mudança da CADH para permitir o seu acesso direto por meio de exceções, pelo regimento e pela jurisprudência[75].

165.   Esse grupo de casos consolida, a um só tempo, o significado do acesso à justiça no Sistema Interamericano (arts. 1, 2, 8 e 25 da CADH), assim como uma prática mais interveniente da Corte IDH na soberania dos Estados para proteção dos direitos humanos. A CADH é considerada vinculante, o que será interpretado pela doutrina como um *corpus juris* interamericano e, posteriormente, pela própria jurisprudência da Corte IDH, como um "bloco de convencionalidade"[76]. A Corte IDH adotou um conceito de *jus cogens* ampliado que se infiltra em sua maneira de interpretar o *corpus juris* interamericano – haja vista que a CADH passa a ser enxergada como uma norma superior hierarquicamente do ponto de vista formal e associada aos valores da justiça do ponto de vista material, quando são invocadas as normas de *jus cogens* como obrigatórias   e   imperativas   contra   os   argumentos   do   Estado.

---

[75] LEGALE, Siddharta; VAL, Eduardo Manuel. As mutações convencionais do acesso à justiça internacional e a corte interamericana de direitos humanos. In: VAL, Eduardo Manuel; BONILLA, Haideer Miranda (Org.). *Direitos humanos, direito internacional e direito constitucional: judicialização, processo e sistemas de proteção* I. 1ª ed. Florianópolis: CONPEDI, 2017, p. 83-108. Disponível   em: <https://www.academia.edu/35764630/As_muta%C3%A7%C3%B5es_convencionais_do_acess o_%C3%A0_justi%C3%A7a_internacional_e_a_Corte_Interamericana_de_Direitos_Humanos_-_CONPEDI_COSTA_RICA>.

[76] A expressão foi empregada no caso Cabrera García e Montiel vs. México (2010).

IVCHER BRONSTEIN VS. PERU (2001)

Tayara Causanilhas[77]

166.   O caso Ivcher Bronstein vs. Peru, decidido pela Corte Interamericana de Direitos Humanos em 2001, interposto pela Comissão Interamericana de Direitos Humanos em 1999, tem, em seu cerne, questões como as garantias judiciais, a liberdade de pensamento e expressão, o direito à nacionalidade, o direito à propriedade privada e à proteção judicial – respectivamente os arts. 8, 13, 20, 21 e 25 da Convenção Americana de Direitos Humanos (CADH). Todos são correlacionados com a obrigação de respeitar os direitos da Convenção, positivada em seu art. 1(1).

167.   No que tange à análise proposta, avalia-se a privação do direito à liberdade de expressão pelo Estado do Peru em detrimento do Sr. Ivcher Bronstein, peruano por naturalização, acionista majoritário, diretor e presidente do Conselho de Administração do Canal 2 da televisão peruana, com o intuito de limitá-lo em suas denúncias retumbantes sobre violações de direitos humanos e corrupção, feitas por meio de seu canal.

168.   À época dos fatos, vigorava no Estado peruano a ditadura de Alberto Fujimori, iniciada em abril de 1992 com um "autogolpe", data marcante, pois, assim, iniciaram-se as intervenções em todos os meios de comunicação por elementos das Forças Armadas. Entende-se, portanto, o exercício de censura direta, para que os meios de comunicação estivessem afinados com os objetivos do novo Governo de Reconstrução Nacional, o que, no entanto, afastava o Estado da garantia dos direitos fundamentais da CADH – distanciando, inclusive, o povo do pleno exercício democrático.

169.   O interesse no controle dos meios televisivos era notório, principalmente, supõe-se, pela extensão do alcance da notícia por esse veículo de comunicação. Para a efetivação do controle, utilizavam-se, a princípio, mecanismos econômicos contra as empresas, como o maior rigor na parte tributária das empresas que não se sujeitavam completamente aos ideais do governo. Eram práticas sistemáticas. No plano do golpe, previa-se a coordenação "com os responsáveis, empresários e promotores dos meios de comunicação, a autocensura e o marco de ação que lhes seria permitido nesta conjuntura". Os meios de comunicação garantem que pensamentos, opiniões e denúncias cheguem à população – configurando-se, sobretudo, poder democrático cujo cerceamento encarece a vida dos que estão sujeitos ao governo autoritário que os calou.

---

[77] Monitora de direito constitucional. Pesquisadora do NIDH-FND/UFRJ e integrante da Clínica IDH da UFRJ. Acadêmica. E-mail: tayaracausanilhass@gmail.com.

170.   Baruch Ivcher Bronstein, vítima direta do caso, israelense, inicia os trâmites para obter sua nacionalidade peruana em 1983, completando-os em 1984. Em 1985 adquire uma pequena participação no Canal 2 no qual, com sucesso, acaba, em 1992, por tornar-se sócio majoritário. O canal, bem-sucedido, tinha grande audiência.

171.   Em meados de 1996, criou-se uma unidade de investigação, estruturando o programa *Contrapunto*, cujo principal objetivo era realizar denúncias às corrupções e graves violações de direitos humanos no Estado do Peru. A audiência era notória. O programa denunciou, publicando algumas gravações, a relação comercial entre militares e traficantes de drogas, fato que gerou consequências – como a retirada de tanques que protegiam o Canal de atentados terroristas, por exemplo. No dia seguinte, a Marinha de Guerra do Peru desmentiu essas informações por meio de um comunicado. Foram várias as vezes em que *Contrapunto* fez reportagens em que se evidenciava a corrupção – sendo investigações que feriam diretamente as Forças Armadas e o governo.

172.   As reações ao programa e às notícias prestadas à população foram, pelo regime, diversas. Houve, em um primeiro momento, intervenção judicial e policial no Canal 2 em setembro de 1997, comprovada pelo testemunho de Luis Carlos Antonio Iberico Núñez. Ademais, o Sr. Ivcher era constantemente perturbado com almoços, em que era coagido a aceitar propostas para que cessasse suas atividades, e com ameaças anônimas. O uso de intimidação também, por diversas vezes, acontecera e, por fim, manchetes falsas, caluniosas e difamatórias, patrocinadas pelo governo, foram propagadas a seu respeito.

173.   O relatório da Corte IDH afirma: "como consequência das reportagens transmitidas no programa *Contrapunto*, o Sr. Ivcher foi objeto de ações intimidatórias, entre as quais se indicam: visita de membros da Direção Nacional da Polícia Fiscal e de outras pessoas aos escritórios do Canal 2 para sugerir que mudasse a linha informativa; voos de supostos helicópteros do Exército sobre as instalações de sua fábrica Produtos Paraíso do Peru; e abertura de um processo da Direção Nacional de Polícia Fiscal, contra sua pessoa, em 23 de maio de 1997; em 23 de maio de 1997, o Comando Conjunto das Forças Armadas emitiu o comunicado oficial n. 002-97-CCFFAA, em que denunciava o Sr. Ivcher por levar a cabo uma campanha difamatória destinada a desprestigiar as Forças Armadas [...]", dentre outros ocorridos.

174.   A tentativa de solução amistosa perante a CIDH foi frustrada pelo Estado, que entendeu a denúncia como inadmissível. As denúncias seriam da privação do Sr. Ivcher arbitrariamente de sua nacionalidade peruana (de encontro ao estabelecido no art. 20(3) da Convenção), como um meio para suprimir sua liberdade de expressão (consagrada no art. 13 da Convenção), e violou também seu direito de propriedade (art. 21 da Convenção), e seus direitos ao devido processo (art. 8.1 da Convenção) e a um recurso simples e rápido perante um juiz ou tribunal competente (art. 25 da Convenção) – de encontro à obrigação genérica do Estado peruano de respeitar os direitos e liberdades de todos os indivíduos dentro de sua jurisdição, emergente do art. 1.1 da

Convenção Americana. Embora frustrada a tentativa de solução amistosa do conflito, a CIDH faz recomendações ao Estado, que não as cumpre.

175. A postura do Estado baseia-se, tão somente, na suposta "retirada" da competência da Corte IDH, em 9 de julho de 1999 e a devolução da demanda pela dada ruptura. Para a Comissão, a retirada da competência não produz efeito algum sobre o exercício da competência do Tribunal no caso. Além disso, em matéria de Direito Internacional, especialmente no que tange a um tratado multilateral, o ato unilateral de um Estado não pode privar um Tribunal Internacional da competência que assume previamente – como consagra a Convenção de Viena sobre o Direito dos Tratados, em seu art. 26.

176. Ademais, a possibilidade de retirar a declaração de reconhecimento da competência contenciosa da Corte não está prevista na Convenção Americana, sendo, inclusive, incompatível com o texto em seus arts. 1 e 2 e, por isso, carece de fundamento jurídico.

177. A Corte IDH, em setembro de 1999, proferiu sentença no sentido de que seria, sim, competente para conhecer do presente caso; a postura do Estado do Peru é inadmissível; o caso, portanto, continuou a ser julgado. Considera-se, ainda, para o mérito do julgamento, as sucessivas omissões e ausências do Estado. Para a Corte IDH, o não comparecimento no processo não acarreta quaisquer efeitos, uma vez que o comparecimento das partes é um ônus processual, não um dever jurídico. Assim, embora com prejuízo dos julgadores, o processo é finalizado com o impulso *ex officio*.

178. Em relação à declaração do Sr. Ivcher Bronstein, a Corte considera que, por se tratar da suposta vítima e ter um interesse direto no presente caso, suas manifestações não podem ser avaliadas isoladamente, somente dentro do conjunto das provas do processo. Entretanto, deve-se considerar que as manifestações do Sr. Ivcher têm valor especial, na medida em que podem proporcionar maior informação sobre certos fatos e supostas violações cometidas contra ele.

179. A Corte IDH, ao julgar o caso, explora os argumentos e as provas levados pela CIDH, embora careça da defesa peruana. Quanto ao conteúdo do direito à liberdade de pensamento e de expressão, expresso no art. 13 da CADH, retoma-se o entendimento já explícito no caso Olmedo Bustos vs. Chile. A proteção da liberdade de pensamento e expressão prevista pela CADH não é restrita ao direito de expressar o pensamento próprio, mas também abrange o direito e a liberdade de buscar, receber e difundir informações e ideias de toda natureza – de modo a impor à liberdade de pensamento e expressão uma dupla dimensão de análise.

180. A liberdade de expressão teria, genericamente, duas dimensões, a saber, a individual e a social. Enquanto a individual se vincula à manifestação do pensamento, representando um direito de cada indivíduo, a social expressa o direito coletivo a receber qualquer informação e a conhecer a expressão do pensamento alheio. Ambas as dimensões devem ser concomitantes e suas

garantias, simultâneas.

181.   No âmbito individual, a liberdade de expressão não se esgota no reconhecimento teórico do direito de se expressar, por qualquer que seja o meio de comunicação, mas, igualmente, compreende o direito a utilizar os meios apropriados para difundir a informação e fazê-la chegar ao maior número de destinatários. Nesse sentido, a expressão e a difusão do pensamento e da informação são indivisíveis, e a restrição da divulgação representa um limite ao direito de expressar-se livremente.

182.   Com respeito à segunda dimensão, a social, entende-se a liberdade de expressão como meio para o intercâmbio de ideias e informações entre os indivíduos – um meio, sobretudo, democrático. Implica, principalmente, no direito de conhecer as informações, notícias, relatos e opiniões, por exemplo, o que, para o cidadão comum, é de profunda relevância – não só como meio de vias democráticas, mas também para o direito de expressar-se, garantido pela primeira dimensão.

183.   A Corte IDH destacou a importância desse direito, já consagrado, salientando a conjuntura do caso. A análise dos meios de comunicação é, frequentemente, a de uma sociedade democrática, sobretudo quando verdadeiros os instrumentos da liberdade de expressão. De forma contrária ao pretendido pelo Estado do Peru, tais veículos de informação não devem escolher, cercear e difundir informações que apenas lhes interessem.

184.   Fica claro, diante de tal posicionamento, que é fundamental para os jornalistas gozar da proteção e da independência necessárias para realizar suas funções integralmente, visto que são eles que mantêm informada a sociedade, exercendo não só ambas as dimensões do direito à liberdade de expressão e pensamento, como a tentativa do perfeito exercício democrático.

185.   É de entendimento geral que a ordem pública reclama que, dentro de uma sociedade democrática, sejam garantidas as maiores possibilidades de circulação de notícias, ideias e opiniões, assim como o mais amplo acesso à informação por parte da sociedade em seu conjunto. A liberdade de expressão insere-se na ordem pública primária e radical da democracia, que não é concebível sem o debate livre e sem que a dissidência tenha pleno direito de se manifestar.

186.   De igual maneira, demonstrou-se que, como consequência da linha editorial assumida pelo Canal 2, o Sr. Ivcher foi objeto de diferentes ações intimidatórias. A Corte IDH constatou que, depois de os acionistas minoritários da companhia assumirem a sua administração, foi proibido o ingresso ao Canal 2 de jornalistas que trabalhavam no programa *Contrapunto*, e modificou-se a linha informativa de tal programa.

187.   No contexto dos fatos e provas indicados e analisados, sopesando a importância da liberdade de expressão nas esferas em que se apresenta e a necessidade de sua garantia, ou, ainda, da reparação de sua violação, a Corte IDH observa que a resolução que deixou sem efeito jurídico o título de

nacionalidade do Sr. Ivcher constituiu um meio indireto para restringir sua liberdade de expressão, assim como a dos jornalistas que trabalhavam e investigavam para o programa *Contrapunto* do Canal 2 da televisão peruana.

188.   Ao separar o Sr. Ivcher do controle do Canal 2, o Estado não apenas restringiu o direito dessas pessoas de circularem notícias, ideias e opiniões, mas afetou também o direito de todos os peruanos a receber informação – limitando, assim, sua liberdade para exercer opções políticas e desenvolver-se plenamente em uma sociedade democrática. Por todo o exposto, a Corte IDH concluiu que o Estado violou o direito à liberdade de expressão, consagrado nos arts. 13.1 e 13.3 da Convenção, em detrimento de Baruch Ivcher Bronstein. A Corte IDH registrou, ainda, a impossibilidade de a denúncia da CADH produzir efeitos imediatos, demandando que o Peru honrasse com as obrigações internacionais assumidas.

HILAIRE, CONSTANTINE E BENJAMIN E OUTROS VS. TRINIDAD E TOBAGO (2002)

Danilo Sardinha[78]

189.   A presente sentença da Corte Interamericana de Direitos Humanos, proferida em 21 de junho de 2002, resultou das denúncias da Comissão Interamericana de Direitos Humanos contra o Estado de Trinidad e Tobago, em 25 de maio de 1999, 22 de fevereiro de 2000 e 5 de outubro de 2000, respectivamente. Os fatos aqui apresentados desenrolam-se a partir do julgamento e condenação por homicídio doloso em Trinidad e Tobago, ao passo que, de acordo com a Lei de Crimes Contra a Pessoa (Ley de Delitos contra la Persona, 1925), era prescrita a pena de morte como a única sentença aplicável ao crime de homicídio doloso.

190.   Em relação a alguns dos condenados, os processos transcorreram durante muito tempo, e inexistia assistência jurídica e especializada para os réus. Da mesma forma, em relação às condições de detenção, havia superlotação e falta de higiene. Das trinta e duas pessoas envolvidas neste caso, trinta estavam detidas nas prisões de Trinidad e Tobago enquanto aguardavam a execução judicial por enforcamento[79].

191.   Portanto, de acordo com as situações fáticas, o relatório da CIDH apresentou possíveis violações aos seguintes dispositivos da Convenção Americana de Direitos Humanos: art. 1 (obrigação de respeitar direitos); art. 2 (dever de adotar disposições de direito interno); art. 4 (direito à vida); art. 5 (direito à integridade pessoal); art. 7 (direito à liberdade pessoal); e, por fim, art. 8 (garantias judiciais) e art. 25 (proteção judicial).

192.   Entretanto, a presente sentença encontrou como primeiro e maior obstáculo as suas relações entre competências, por conta da denúncia da CADH pelo Estado de Trinidad e Tobago. O Estado, então, havia alegado que, em 26 de maio de 1998, denunciou a CADH e, em conformidade com seu art. 78 – que versa sobre a denúncia da CADH –, essa denúncia entrou em vigor um ano depois, em 26 de maio de 1999. Os fatos a que o presente caso se refere ocorreram antes da data em que a denúncia do Estado começou a gerar efeitos.

193.   Sobre esse tópico, é interessante destrinchar alguns esclarecimentos. Desde 1925, a Lei de Crimes contra a Pessoa está em vigor naquele Estado[80].

---

[78] Monitor de Direito Constitucional da Faculdade Nacional de Direito da UFRJ. Pesquisador, extensionista do NIDH-FND/UFRJ e integrante da Clínica IDH da UFRJ. E-mail: danilo_sardinha@outlook.com.

[79] Houve duas exceções: Joey Ramiah, que já havia sido executado; e Wayne Matthews, cuja sentença havia sido comutada.

Razão pela qual na época da sua adesão à Convenção, Trinidad e Tobago incluiu as seguintes reservas:

> 1. Em relação ao parágrafo 5 do artigo 4 da Convenção, o Governo da República de Trinidad e Tobago formula reserva pelo fato de não existir, nas leis do país, proibição de aplicação da pena de morte a uma pessoa maior de 70 (setenta) anos de idade.
>
> 2. Em relação ao artigo 62 da Convenção, o Governo da República de Trinidad e Tobago reconhece a jurisdição obrigatória da Corte Interamericana de Direitos Humanos, estabelecida nesse artigo, somente na medida em que esse reconhecimento seja compatível com as disposições pertinentes da Constituição da República de Trinidad e Tobago e desde que uma sentença da Corte não contradiga, estabeleça ou anule direitos ou deveres vigentes de cidadãos particulares.[81]

194.   Apesar da incorporação dessas reservas, tanto perante a Comissão quanto a Corte, estavam sendo denunciados casos de violações de direitos humanos por Trinidad e Tobago, enquadrados na imposição da pena de morte. Isso, somado às medidas provisionais direcionadas ao Estado para salvaguardar os direitos dos detentos condenados à morte, incomodava o governo de Trinidad e Tobago[82].

195.   Silvia Goméz pontuou, em sua dissertação de mestrado, que Trinidad e Tobago é "um dos Estados, juntamente com a Jamaica, entre outros países do Caribe, que mantêm em sua idiossincrasia a tradição britânica de castigo corporal e pena de morte, uma vez que sua abolição representou uma questão altamente politizada em Trinidad e Tobago"[83].

196.   Consequentemente, o que levou à denúncia da CADH por parte de

---

[80] GOMÉZ, Silvia Haydée Sánchez. *Los Estados y la denuncia a la Convención Americana de Derechos Humanos:* Los casos de Trinidad y Tobago, Perú y Venezuela. Orientadora: Florabel Quispe Remón. 2015. 131 f. Dissertação (Maestría en Derecho Público) – Universidad Carlos III de Madrid, Madrid, 2015. Disponível em: <https://core.ac.uk/download/pdf/44310705.pdf>. Acesso em: 28 jun. 2020.

[81]   Cf.   em: <https://www.cidh.oas.org/basicos/portugues/d.Convencao_Americana_Ratif..htm#:~:text=E m%20rela%C3%A7%C3%A3o%20ao%20par%C3%A1grafo%205,(setenta)%20anos%20de%20id ade.>.

[82] GOMÉZ, Silvia Haydée Sánchez. *Los Estados y la denuncia a la Convención Americana de Derechos Humanos:* Los casos de Trinidad y Tobago, Perú y Venezuela. Orientador: Florabel Quispe Remón. 2015. 131 f. Dissertação (Maestría en Derecho Público) – Universidad Carlos III de Madrid, Madrid, 2015. Disponível em: <https://core.ac.uk/download/pdf/44310705.pdf>. Acesso em: 28 jun. 2020.

[83] Idem.

Trinidad e Tobago, aliado à pressão exercida pelo Comitê Judiciário do Conselho Privado[84], foi, sobretudo, a incompatibilidade entre a Convenção e a ordem interna da pena de morte, uma vez que Trinidad e Tobago mantém a pena de morte em sua legislação.

197.   De acordo com Natasha P. Concepción, o objetivo de Trinidad e Tobago era garantir a execução de sentenças de pena de morte em menos de cinco anos e, para o Estado, a possibilidade de indivíduos condenados à morte denunciarem perante a CIDH implicaria um atraso na execução da sentença[85]. Tal fato foi considerado como algo sem precedentes pela Comissão Internacional de Juristas, principalmente porque Trinidad e Tobago é o primeiro país a concluir o procedimento de denúncia da CADH e, consequentemente, a obter os seus efeitos, como apontou Juan Carlos Borgo[86].

198.   De volta ao caso, como exposto acima, Trinidad e Tobago havia alegado falta de competência da Corte IDH para julgar o presente caso, Hilaire e outros, por conta da sua denúncia à CADH. Em contrapartida, a Corte IDH apontou, a partir das exceções preliminares, que

> 15. (...) Trinidad e Tobago não pode tirar proveito das limitações formuladas em seu instrumento de aceitação da cláusula opcional da jurisdição obrigatória da Corte Interamericana Direitos Humanos, em conformidade com o disposto no artigo 62 da Convenção Americana, uma vez que a referida limitação é incompatível com o objeto e a finalidade da Convenção.[87]

199.   Então, referindo-se à finalidade da CADH, a Corte IDH direcionou sua argumentação a partir da Convenção de Viena sobre o Direito dos Tratados. Consequentemente, apontou que seria inadmissível subordinar o mecanismo do art. 62.3 da CADH[88] a restrições que tornem inoperante a função jurisdicional

---

[84] Órgão de cúpula do Poder Judiciário de Trinidad e Tobago, com sede em Londres, e a máxima instância da *commonwealth* na América, sendo sua Corte Constitucional.

[85] PARASSRAM CONCEPCIÓN, Natasha. The legal implications of Trinidad & Tobago's withdrawal from the American Convention of Human Rights, *American University International Law Review*, Volume 16, Issue 3, 2001.

[86] SAINZ BORGO, Juan Carlos. Denuncia de la Convención Americana de Derechos Humanos. Una revisión a partir de tres intentos. IBÁNEZ, Joaquín González (Coord). *Protección Internacional de Derechos Humanos y Estado de Derecho*. Bogotá, 2009, p. 215.

[87] Corte IDH. Caso Hilaire, Constantine y Benjamin y otros vs. Trinidad y Tobago. Fondo, Reparaciones y Costas. Sentencia de 21 de junio de 2002. Serie C No. 94. Disponível em: <http://www.corteidh.or.cr/cf/Jurisprudencia2/index.cfm?lang=es>. Acesso em: 28 jun. 2020.

[88] Artigo 62 – 3. A Corte tem competência para conhecer de qualquer caso relativo à interpretação e aplicação das disposições desta Convenção que lhe seja submetido, desde que os Estados Partes no caso tenham reconhecido ou reconheçam a referida competência, seja por declaração especial,

da Corte, e, logo, o Sistema Interamericano de Direitos Humanos. A Corte IDH possuiria, portanto, "a jurisdição que lhe é inerente e que cumpre um imperativo de segurança jurídica, para determinar o alcance de sua própria jurisdição"[89], sendo, então, competente para julgar.

200.   Quanto ao mérito do caso, pode-se dividir em cinco tópicos principais, de acordo com a sentença: (i) direito à vida em relação à obrigação de respeitar os direitos e o dever de adotar disposições de direito interno; (ii) dircitos a tempo razoável, garantias judiciais e proteção judicial; (iii) direito a tratamento humano e condições de detenção; (iv) direito à vida e garantias judiciais em relação à obrigação de respeitar os direitos; (v) violação das medidas provisórias ordenadas pela Corte IDH em relação a Joey Ramiah.

201.   Sobre o primeiro tópico, a Corte IDH considerou que, à luz do art. 4 da CADH, "é extremamente grave quando o maior patrimônio jurídico, que é a vida humana, está em risco e constitui arbitrariedade nos termos do artigo 4.1 da Convenção", ao referir-se à aplicação automática e genérica da pena de morte a partir da Lei de Crimes contra a Pessoa, de 1925. Pontuou, ainda, que as circunstâncias específicas do acusado ou as circunstâncias específicas do crime não são consideradas, de acordo com a legislação apresentada[90].

202.   Quanto ao segundo tópico, a Corte IDH declarou que a legislação doméstica de Trinidad e Tobago não estabelece o direito a um julgamento imediatamente ou dentro de um prazo razoável, nem a disposição aos réus, na prática, de uma assistência jurídica adequada. Portanto, não cumpre as disposições da CADH.

203.   Para dirimir o terceiro ponto, a Corte IDH manifestou-se pelo direito ao tratamento digno das pessoas privadas de liberdade como um dever do Estado de garantir a integridade pessoal dos detentos. Quanto à situação fática, as condições de aprisionamento das vítimas foram consideradas como cruéis,

---

como prevêem os incisos anteriores, seja por convenção especial.

[89] Corte IDH Caso Hilaire, Constantine y Benjamin y otros vs. Trinidad y Tobago. Fondo, Reparaciones y Costas. Sentencia de 21 de junio de 2002. Serie C No. 94. Disponível em: <http://www.corteidh.or.cr/cf/Jurisprudencia2/index.cfm?lang=es>. Acesso em: 28 jun. 2020.

[90] Há, sobre a pena de morte e a jurisprudência da Corte IDH, ainda, a OC n. 03/83. Rodrigo Cittadino aponta que "[c]ombinando-se os parágrafos 2º e 3º do art. 4º, percebe-se claramente que o Pacto de São José da Costa Rica chancela uma tendência progressiva e irreversível rumo à abolição da pena de morte no Sistema Interamericano, na medida em que proíbe sua extensão a crimes para os quais ela não era originalmente prevista, bem como impede seu restabelecimento naqueles Estados que já a extirparam". De mesmo modo, nesta sentença, é possível observar uma outra guinada rumo à abolição da pena de morte pelo Sistema Interamericano de Direitos Humanos: há, agora, a vedação de uma pena de morte automática e genérica, sendo utilizada indistintamente, como é o caso da Lei de Crimes Contra a Pessoa, de 1925. Cf.: CITTADINO, Rodrigo Cerveira. A Opinião Consultiva n. 03/83 da Corte Interamericana de Direitos Humanos: polêmica jurisdicional e repúdio à pena de morte. In: Casoteca do NIDH – UFRJ. Disponível em: <https://nidh.com.br/a-opiniao-consultiva-n-03-83-da-corte-interamericana-polemica-jurisdicional-e-repudio-a-pena-de-morte/>.

desumanas ou degradantes.

204.   No que se refere ao quarto ponto, a Corte IDH considerou que o art. 4 da CADH se inspira no princípio da não aplicação da pena de morte, salvo raras exceções, adicionando um direito aos condenados à anistia, ao indulto ou à comutação da pena. Apontou também que as ações individuais de clemência do direito interno do Estado devem estar sob a guarda de procedimentos imparciais e adequados, e que, no presente caso, houve a caracterização da falta de transparência, publicidade e participação das vítimas nos processos.

205.   Sobre o último tópico, a Corte IDH declarou o Estado de Trinidad e Tobago como violador das medidas provisionais requeridas pela Corte IDH, ao constatar a execução de Joey Ramiah, configurando-se uma "privação arbitrária do direito à vida"[91].

206.   Com todo o exposto, a Corte IDH determinou por violados os seguintes dispositivos da CADH: art. 1 (obrigação de respeitar direitos); art. 2 (dever de adotar disposições de direito interno); art. 4 (direito à vida); art. 5 (direito à integridade pessoal); art. 7 (direito à liberdade pessoal); e, por fim, art. 8 (garantias judiciais) e art. 25 (proteção judicial). Como ponto resolutivo, destaca-se o dever do Estado de deixar de aplicar a Lei de Crimes Contra a Pessoa, além de adotar disposições penais adequadas à CADH.

207.   No entanto, a última supervisão de cumprimento de sentença da Corte IDH sobre o caso, em 2003, decretou que, apesar de ter denunciado a CADH, o Estado não pode deixar de cumprir obrigações originadas da sentença aqui analisada. Contudo, de acordo com a Anistia Internacional, no ano de 2017, nove pessoas foram condenadas à morte em Trinidad e Tobago, enquanto que outras quarenta e duas estavam ao passo de serem condenadas à morte nesse mesmo ano[92]. O Estado de Trinidad e Tobago, portanto, continua a não cumprir as obrigações impostas pela Corte IDH na presente sentença.

---

[91] Corte IDH. Caso Hilaire, Constantine y Benjamin y otros vs. Trinidad y Tobago. Fondo, Reparaciones y Costas. Sentencia de 21 de junio de 2002. Serie C No. 94. Disponível em: <http://www.corteidh.or.cr/cf/Jurisprudencia2/index.cfm?lang=es>. Acesso em: 28 jun. 2020.

[92] AMNISTÍA INTERNACIONAL. *Condenas a muerte y ejecuciones 2017*. Informe Global de Amnistía Internacional. Londres: Amnistía Internacional, 2018.

LÓPEZ SOTO E OUTROS VS. VENEZUELA (2018)

Maria Carolina Ribeiro de Sá[93]

208. O presente caso, cuja sentença é de setembro de 2018, trata da violência contra a mulher. A Corte IDH condenou o Estado Venezuela por violação dos direitos ao reconhecimento da personalidade jurídica; integridade pessoal; proibição de tortura e outros tratos cruéis, desumanos ou degradantes; proibição de escravidão; liberdade pessoal; garantias judiciais; dignidade; autonomia e vida privada; circulação e residência; igualdade perante a lei; e proteção judicial – tudo isso em relação às obrigações de respeitar e garantir direitos, não discriminação e de adotar medidas de direito interno. Além disso, condenou o Estado da Venezuela pelo descumprimento das obrigações decorrentes do art. 7 da Convenção Interamericana para Prevenir, Punir e Erradicar a Violência contra a Mulher, ou Convenção de Belém do Pará, e dos arts. 1, 6 e 8 da Convenção Interamericana para Prevenir e Punir a Tortura, em detrimento de Linda Loaiza López Soto, de 18 anos na época dos fatos. Da mesma forma, a Corte declarou a responsabilidade do Estado pela violação do direito à integridade pessoal de seu grupo familiar.

209. A família de Linda Loiaza López Soto era composta por seu pai, sua mãe e mais nove irmãos. Após terminar a escola técnica na cidade de La Azulita, Linda mudou-se com sua irmã Ana Cecilia para Caracas com a intenção de estudar em uma Universidade e trabalhar. Em março de 2001, ao sair de sua residência pela manhã, Linda foi interceptada por Luis Antonio Carrera Almoina, que a introduziu em um veículo à força e a ameaçou com uma arma de fogo. De 27 de março até 19 de julho de 2001, Linda foi submetida, de maneira contínua, a diversos atos de violência física, verbal, psicológica e sexual, dentre os quais: ingestão forçada de álcool, drogas e medicamentos; hematomas causados por trauma contuso e hematomas no rosto, pinça, peito e abdômen; fratura do nariz e mandíbula; mordidas nos lábios, seios e mamilos; queimaduras com cigarros no rosto e no corpo; nudez forçada; repetidas violações vaginais, anais e de objetos; ameaças e humilhações; privação de alimentos; dentre outros.

210. As denúncias do fato foram feitas diversas vezes por Ana Cecilia, irmã de Linda, que não recebeu a devida diligência por parte do Estado em sua resposta ao sequestro de uma mulher, reforçando os estereótipos negativos de gênero, uma vez que respondiam ser uma "questão de casal", supostamente não cabendo interferência policial.

211. Seu resgate ocorreu em decorrência de seu grito por ajuda, o que levou a polícia e o corpo de bombeiros a aparecer no local e a conseguir entrar no

---

[93] Mestranda em Direito Internacional pela UERJ. Bacharel pela UERJ. Integrante da Clínica IDH da UFRJ. Advogada. E-mail: mariacarolina0613@gmail.com.

apartamento, último local em que esteve privada de liberdade. Cabe ressaltar que, diante dos questionamentos relativos aos gritos e pedidos recorrentes de socorro, o agressor dizia ser uma discussão de casal, o que parecia encerrar os questionamentos de quem estava ao entorno do acontecido, como vizinhos e pessoas que trabalhavam nos outros locais onde a vítima ficou detida. Devido aos múltiplos ferimentos que sofreu após o resgate, Linda Loaiza López Soto permaneceu quase um ano internada e passou por 15 cirurgias.

212.   O agressor obrigava a vítima a ligar para a família e a mentir sobre o seu paradeiro, inclusive fazendo-a brigar com eles. Linda alegou que o pai do agressor, reitor da Universidad Nacional Abierta, sabia dos atos do filho. Durante o processo penal, o agressor foi condenado pelos crimes de privação de liberdade e ferimentos gravíssimos, mas foi absolvido pelo crime de estupro. Em 2008, a sentença foi declarada concluída e a revisão do processo referente ao crime de estupro estava pendente.

213.   A Corte IDH declara, de forma assertiva, em um parágrafo apenas, que é competente para julgar o caso contra a Venezuela. A Venezuela reconheceu a competência contenciosa da Corte IDH em 24 de junho de 1981, contudo, denunciou a CADH mediante nota oficial diplomática emanada pelo ministro do Poder Popular para as Relações Exteriores, Nicolás Maduro Moros, em setembro de 2012, quando Hugo Chávez era o presidente do país. A denúncia tornou-se efetiva um ano após ser proposta, todavia, em acordo com o art. 78.2 da CADH, que regula a denúncia da Conveção à Corte, essa é competente para conhecer o presente caso, visto que os fatos ocorreram durante a vigência da CADH para o país em voga.

214.   Nesse ponto, faz-se necessário esclarecer o contexto da denúncia da CADH. Cabe ressaltar que o Sistema Interamericano de Direitos Humanos é considerado dual, pois, mesmo que o país se desobrigue quanto ao disposto na CADH, se ele continuar a fazer parte da OEA, para ele vigora a Carta da OEA. Por conseguinte, o Estado está sujeito às ações da CIDH, mesmo que não da Corte IDH, o que reforça a proteção dos indivíduos da região.

215.   A nota diplomática citada corresponde a uma continuidade da política exterior venezuelana, mas com algumas contradições. A princípio, essa nota e as declarações do próprio ex-presidente sobre o assunto ressaltam que a saída se deu em decorrência de os órgãos de monitoramento agirem parcialmente, enviesados pelo imperialismo norte-americano, representando ameaça à soberania venezuelana e configurando-se incompatível com a visão e os valores de direitos humanos da Venezuela.

216.   Nesse caso específico do SIDH, o equilíbrio suave pode ser analisado sob a perspectiva da diplomacia do "emaranhamento", ou seja, constranger o ator hegemônico da região em organismos internacionais, mais especificamente na OEA, impedindo a implementação de diversas iniciativas norte-americanas, tentando garantir a independência da organização. Durante algum tempo, essa política rendeu bons frutos para os objetivos da Venezuela, que conseguiu,

inclusive, retardar que se estabelecessem mecanismos de monitoramento da situação da democracia dos países americanos[94].

217. Contudo, mudanças econômicas com relação à exportação de petróleo, bem como crises institucionais internas e acirramento entre o governo e a oposição – justamente relacionados a temas de defesa dos direitos humanos –, mudaram as direções, em parte, da política externa venezuelana, que ainda prega pela diplomacia do "emaranhamento". Entretanto, no que tange aos direitos humanos, utiliza-o como instrumento de pressão tanto interna quanto externa, impedindo que se tome conhecimento ou medidas quanto às violações que ocorrem no Estado, o que afeta, principalmente, a população, que vê seus direitos violados por ele. A título de exemplo, têm-se as repetidas declarações de Chávez contra a condenação do Estado pela Corte IDH no caso Díaz Peña vs. Venezuela (2012)[95], sendo esse um dos estopins para a denúncia – tal caso foi, além disso, utilizado pela oposição de Chávez no debate político, haja vista seu cunho político.

218. Conclui-se, ainda, que, em se considerando o direito constitucional interno, a denúncia da CADH violaria hierarquia e supremacia constitucional dos tratados sobre direitos humanos, o direito internacional de petição para a proteção dos direitos humanos, requisitos e limites constitucionais dos estados de emergência e os direitos humanos como princípio orientador das relações internacionais do Estado venezuelano, bem como sua progressividade, consagrados nos arts. 23, 333, 339, 31, 152 e 19, respectivamente, da Constituição venezuelana[96].

219. Após os procedimentos de praxe, a Venezuela reconheceu, parcialmente, sua responsabilidade e fez um pedido de desculpas na audiência pública, no que tange aos procedimentos de investigação criminal judicial do caso, mas alegou não ser responsável pelos atos cometidos por particulares, ou seja, por agentes não estatais, sendo esse o enfoque da controvérsia.

220. No que concerne ao mérito, a Corte IDH manifestou que a violência contra a mulher é resultado das relações de poder historicamente desiguais entre homens e mulheres, conforme coloca a Convenção de Belém do Pará, sendo direito da mulher viver uma vida livre de violência relacionado ao direito a não discriminação.

221. Nesse marco, é dever do Estado prevenir, sancionar e erradicar a violência contra a mulher, tal como proteger aquelas que foram vítimas da violência. Portanto, diante da violência contra a mulher, a conduta do Estado

---

[94] Ibid.

[95] Corte IDH. Caso Díaz Peña vs. Venezuela. Disponível em: <http://corteidh.or.cr/docs/casos/articulos/seriec_244_esp.pdf>. Acesso em: 29 jun. 2020.

[96] CORAO, Carlos Ayala. Inconstitucionalidad de la denuncia de la Convención Americana sobre Derechos Humanos por Venezuela. *Anuario de Derecho Costitucional Latinoamericano*. Año XIX, Bogotá, 2013, pp.43-79, ISSN 2346-0849.

deve ser diligente e reforçada, não só impedindo certos atos, como também erradicando as práticas de violência de gênero.

222.   Diante do exposto, a Corte IDH pontuou que, para haver a responsabilidade do Estado pela violação de uma obrigação de devida diligência, voltada a impedir as violações e proteger os direitos de um determinado indivíduo ou grupo de indivíduos contra particulares, é necessário, primeiro, estabelecer o conhecimento do Estado sobre um risco real e imediato e, em segundo lugar, realizar uma avaliação referente à adoção, ou não, de medidas razoáveis para prevenir ou evitar o risco em questão. Assim, ao analisar a razoabilidade das ações estatais, a Corte IDH avaliou, por um lado, as ações destinadas a abordar o problema da violência contra a mulher em termos gerais e, por outro, as ações adotadas em face do caso específico, seu conhecimento do risco de afetar seriamente a integridade física, sexual ou psicológica da mulher e de sua vida, o que acionaria o citado dever de diligência reforçada ou estrita.

223.   Foi considerado que as notícias do sequestro ou desaparecimento de uma mulher deveriam ativar o dever reforçado da devida diligência do Estado, uma vez que essas circunstâncias criam um cenário favorável para a prática de atos de violência contra a mulher, sobretudo violência sexual, que traz um risco à vida e à integridade das mulheres, independentemente de um contexto específico, conforme a Convenção de Belém do Pará em seu art. 2, em que o sequestro é uma das ações incluídas no conceito de violência contra a mulher.

224.   Ademais, a aquiescência do Estado geraria responsabilidade, pois envolve o consentimento do Estado quando o indivíduo age, seja por inação deliberada ou por suas próprias ações, visto que gera as condições que permitem que o ato seja realizado por indivíduos. Assim, a Corte IDH, além de lembrar que o direito internacional dos direitos humanos impõe uma devida diligência no que tange aos direitos das mulheres a não sofrer violência, essa obrigação implica a adoção de medidas gerais no plano normativo e institucional, e a reação do Estado diante da notícia do sequestro de uma mulher.

225.   A estrutura institucional e regulamentar para a prevenção, investigação e punição da violência contra as mulheres, na época dos eventos na Venezuela, era deficiente, dado que: o atendimento de casos de violência contra a mulher limitava-se aos ocorridos na família, contudo, mesmo nesse caso, os funcionários públicos encarregados de receber as queixas não possuíam treinamento técnico para cumprir a devida diligência na resposta estatal às notícias do desaparecimento de uma mulher, considerando o risco que tal circunstância implica para sua vida e integridade, mesmo diante da possibilidade de serem forçadas à prostituição em condições de escravidão; o Código Penal, na época dos fatos, era altamente discriminatório contra as mulheres, especialmente no que diz respeito à criminalização de crimes sexuais – os exemplos claros mostram-se ao estabelecer penas diferenciadas e mais onerosas para o crime de adultério, caso a mulher se envolvesse em tal conduta e reduzir as penas quando os crimes sexuais foram cometidos contra uma mulher que praticava prostituição, bem como a previsão de expiração de sentença na

hipótese de o autor do crime de estupro se casar com sua vítima. Demonstra-se que o bem protegido em crimes sexuais não era a liberdade sexual e a integridade das mulheres, mas "a moralidade e os bons costumes". Ademais, a classificação da tortura era insuficiente na medida em que se limitava a pessoas sob custódia. Dessa forma, a Corte IDH constatou que o Estado não havia conformado sua legislação e prática a instrumentos internacionais ratificados pela Venezuela.

226.   Quanto ao Estado saber sobre a existência de um risco real e imediato contra a vítima, foi ressaltado que a irmã da vítima deu conhecimento dos fatos à polícia seis vezes. A Corte IDH considerou que, apesar da oposição do Estado, os depoimentos tinham sido consistentes, indicando inclusive o agressor. A resposta da polícia para Ana Cecilia era a de que suas queixas não seriam processadas, visto que as questões dos casais deveriam estar isentas da intervenção do Estado. Tal omissão destaca-se ainda mais, dado que a Lei de Violência contra as Mulheres e a Família, em vigor na época, era justamente voltada para casos de violência ocorridos na família ou nos relacionamentos. Portanto, inferiu-se que, apesar de existir uma estrutura regulatória específica, essa não foi eficaz quando do recebimento das reclamações, e nem teve a velocidade necessária para lidar com esse tipo de situação. Ficou ainda claro que a postura estatal desincentivava a já difícil decisão de denunciar tais crimes contra a mulher. Concluiu-se que o Estado tinha conhecimento do risco para a integridade, liberdade, dignidade e autonomia da vida privada de Linda López Soto.

227.   Diante disso a Corte IDH considerou que tal conhecimento gerou a obrigação para a Venezuela de atuar com a devida diligência no caso, porque se tratava de violência contra a mulher que poderia causar os mais diversos danos à vítima e violações de direitos humanos. O Estado não apenas conhecia o risco, mas também tinha possibilidade concreta de agir e interromper o curso de causalidade dos eventos, além de saber a identidade do agressor.

228.   O Estado não foi considerado diretamente responsável pelos atos sofridos por Linda, sua responsabilidade deriva da reação insuficiente e negligente de funcionários públicos que, ao saber do risco, não adotaram as medidas razoavelmente esperadas e cabidas, não cumprindo com a devida diligência para prevenir e interromper o curso da causalidade dos eventos. Soma-se a isso a omissão total subsequente de impedir adequadamente as agressões físicas, verbais, psicológicas e sexuais sofridas por Linda, demonstrando uma atitude tolerante em relação ao risco de violência contra as mulheres.

229.   A Corte IDH apostou que a Venezuela incorreu em responsabilidade internacional pelos atos de violência praticados por indivíduos contra Linda López Soto, tendo tolerado atos que violavam seus direitos à integridade pessoal, liberdade pessoal, dignidade, autonomia e vida privada, reconhecidos nos arts. 5.1, 7 e 11, em relação ao art. 1.1 da CADH, e no art. 7.a) e 7.b) da Convenção de Belém do Pará.

230.   Em continuação, a Corte IDH determinou que o agressor não apenas

exercia os atributos de direitos de propriedade sobre Linda, combinando também com a execução de vários atos constantes de violência sexual. Considerou-se, então, necessário tornar visível a natureza "sexual" da escravidão exercida no caso e, assim, foi reconhecida essa modalidade mais específica que afeta desproporcionalmente as mulheres, pois exacerba as relações historicamente persistentes de subordinação e dominação entre homens e mulheres, constituindo uma manifestação de discriminação contra essas, contrariando a estrita proteção que opera sob o art. 1.1 da CADH em razão de sexo e gênero.

231.   A Corte IDH concluiu que o Estado era responsável porque, devido a sua omissão, possibilitou a escravidão sexual a que López Soto esteve sujeita, nas mesmas condições indicadas anteriormente, em violação ao art. 6.1 da CADH, em relação aos arts. 1.1, 3, 5, 7, 11 e 22, restando claro que o objetivo do agressor era intimidá-la, anular sua personalidade e subjugá-la, para afirmar uma posição de subordinação das mulheres, bem como sua relação de poder e domínio patriarcal sobre a vítima, o que evidenciou o objetivo discriminatório. Nesse sentido, a Corte destacou o papel transcendental que a discriminação ocupa ao analisar as violações dos direitos humanos das mulheres e sua adaptação à figura da tortura e maus-tratos na perspectiva de gênero. Portanto, a Corte determinou que a vítima foi submetida a atos de tortura física, sexual e psicológica, de acordo com os três elementos listados pela Corte IDH e nos termos do art. 5.2 da Convenção Americana.

232.   Por fim, como esses atos não foram cometidos diretamente por um funcionário público, sua classificação como tortura foi contestada pelo Estado. No entanto, como o art. 5.2 da CADH não especifica o que deve ser entendido como "tortura", a Corte recorreu tanto ao art. 2 da CIPPT quanto a outras definições contidas nos instrumentos internacionais que prescrevem a proibição da tortura para interpretar quais são os elementos constitutivos da tortura. Esses elementos não estabeleciam a exigência de que o ato fosse cometido por um funcionário público, também prevendo casos de instigação, consentimento, aquiescência e falha em agir quando tais agentes estatais poderiam impedir tais atos.

233.   Além disso, a Corte, no âmbito da interpretação do art. 5.2 da Convenção, entendeu que tanto a interpretação sistemática quanto a evolutiva desempenham um papel crucial na manutenção do efeito útil da proibição da tortura, de acordo com as condições de vida atuais nas sociedades do nosso continente, conforme o art. 29 da CADH. Com isso, lançando mão do método sistemático, a Corte IDH julgou necessário considerar outros instrumentos interamericanos, como a Convenção de Belém do Pará, que observa a possibilidade de a interpretação evolutiva dos comportamentos e atos de violência contra mulheres serem enquadrados como tortura e, além disso, que a violência contra as mulheres também abrange a esfera privada.

234.   Em conclusão, a Corte decidiu que o Estado da Venezuela não agiu com a devida diligência reforçada exigida nas investigações e processo criminal

por violência contra mulheres e atos de tortura sofridos por Linda Loaiza López Soto. Omissões e irregularidades explícitas foram verificadas na investigação e, mesmo essas tendo sido trazidas a conhecimento das autoridades, sua investigação não teve êxito. Soma-se a isso a existência de um marco regulatório discriminatório e o uso de estereótipos no julgamento do caso. Para além, a tipificação do crime de tortura era inadequada, o que levou a que fosse admitido um tipo criminal menos oneroso em relação ao ocorrido. Além disso, os processos perante os tribunais venezuelanos não foram realizados dentro de um prazo razoável. Por fim, a falta de adequação e eficácia das medidas para proteger e investigar as ameaças e o assédio contra Linda Loaiza López Soto levou à prática de atos violadores de direitos à integridade pessoal, proibição de tortura, garantias judiciais, dignidade, autonomia e privacidade, igualdade perante a lei e proteção judicial, reconhecidos nos arts. 5.1, 5.2, 8.1, 11, 24 e 25.1, em relação aos arts. 1.1 e 2 da CADH, no art. 7 da Convenção de Belém do Pará, e nos arts. 1, 6 e 8 da CIPPT.

235.   Dentre as reparações determinadas pela Corte IDH, estão: a continuidade do processo penal para processar e, eventualmente, punir os responsáveis pelos atos de tortura e violência sexual cometidos contra Linda, bem como pelos atos de assédio e ameaça; determinar, dentro de um prazo razoável e por meio das instituições públicas competentes, as possíveis responsabilidades dos funcionários que não investigaram desde o primeiro momento o que aconteceu com Linda, assim como dos responsáveis pelas irregularidades e atrasos injustificados durante a investigação e a comprovação dos processos judiciais realizados na esfera doméstica e, na medida em que corresponda, aplicar as consequências que a lei possa prever; oferecer tratamento médico, psicológico ou psiquiátrico gratuito e imediato oportuno, prestado pelos profissionais de preferência da vítima; fazer o Estado um ato de reconhecimento da sua responsabilidade; emitir o correspondente regulamento da Lei Orgânica do Direito da Mulher a uma Vida Livre de Violência; operacionalizar adequadamente os Tribunais de Violência contra a Mulher em cada capital do Estado; adotar, implementar e controlar protocolos para a investigação e atendimento integral de mulheres vítimas de violência; adotar e implementar os treinamentos e cursos, permanentes e obrigatórios, ordenados na sentença; incorporar no currículo nacional do Sistema Nacional de Educação, em todos os níveis e modalidades educacionais, um programa de educação permanente sob o nome de "Linda Loaiza"; implementar imediatamente, por meio da agência estatal correspondente, um sistema de coleta de dados e figuras relacionadas aos casos de violência contra a mulher em todo o território nacional; dentre outros.

236.   Conclui-se, portanto, que o sistema penal, bem como outras instituições que o cercam na Venezuela, ainda funciona pela lógica da discriminação, em que a violência contra a mulher é resultado das relações de poder historicamente desiguais entre homens e mulheres – sendo o Estado responsável, principalmente, por falhar no dever de diligência na proteção dessa minoria e na prevenção e atuação em casos de violência de gênero.

237.   Esse caso só comprova a necessidade, para a população venezuelana, do marco jurídico que a CADH representava para o progresso e desenvolvimento dos direitos humanos no país, além da proteção que tem como fim trazer. Apesar de o Estado poder, pelo Direito Internacional, livremente denunciar um tratado, devido à lógica de coordenação dos Estados soberanos no cenário internacional, é preciso ter cuidado especial ao lidar-se com tratados de direitos humanos, principalmente quando esse foi usado como moeda política de um chefe de Estado na condução de sua política interna e externa, marcando um retrocesso   em   todos   os   sentidos.

REFERÊNCIAS BIBLIOGRÁFICAS

ALMEIDA, Raquel. Comentários ao art. 78. In: LEGALE, Siddharta; VASCONCELOS, Raphael; VAL, Eduardo Manuel; GUERRA, Sidney (Orgs). *Comentários à convenção americana de direitos humanos: Pacto de São José da Costa Rica.* Curitiba: Instituto Memória, 2019.

AMNISTÍA INTERNACIONAL. *Condenas a muerte y ejecuciones 2017.* Informe Global de Amnistía Internacional. Londres: Amnistía Internacional, 2018.

APPIO, Eduardo. *Direito das minorias.* São Paulo: Editora Revista dos Tribunais, 2008.

ARÉCHAGA, Eduardo Jiménez de. La coordination des systemes de L'ONU et de l'Organisation des États Américains pour le reglement pacifique des différends et la sécurité collective. *Recueil des cours*, 111, 1964.

ARRIGHI, Jean Michel. *OEA – Organização dos Estados Americanos.* São Paulo: Manole, 2004.

_____. *La OEA y el Derecho Internacional.* México: Editorial Porrua, 2015.

BOGDANDY, Armin von. Ius Constitutionale commune na América Latina. Uma reflexão sobre o constitucionalismo transformador. *Revista de Direito Administrativo n. 269*, 2015.

CANÇADO TRINDADE, Antônio Augusto. *International law for humankind: towards a new jus gentium.* Second revised Edition, Leiden, Boston: The Hague Academy of International Law, Brill – Nijhoff, 2013.

_____. Co-existence and co-ordination of mechanisms of international protection of Human Rights: (at global and regional levels). *Recueil des cours*, t. 202, 1987.

_____. LEGALE; Siddharta. Entrevista para o Canal no *YouTube* Debates Virtuais sobre a Corte Interamericana de Direitos Humanos. *Debates Virtuais*. Disponível em: <https://www.youtube.com/watch?v=-4FQgidgL5U&t=2361s>.

CERQUEIRA, Cláudio. *Pro persona: conceito, aplicação e análise de casos da Corte IDH.*

Rio de Janeiro: Multifoco, 2019.

CORAO, Carlos Ayala. Inconstitucionalidad de la denuncia de la Convención Americana sobre Derechos Humanos por Venezuela. *Anuario de Derecho Costitucional Latinoamericano.* Año XIX, Bogotá, 2013, pp.43-79, ISSN 2346-0849.

DESCHAMPS, Luiza. Comentários ao artigo 26 – desenvolvimento progressivo. In: LEGALE, Siddharta; VASCONCELOS, Raphael; VAL, Eduardo Manuel; GUERRA, Sidney (Orgs). *Comentários À Convenção Americana de Direitos Humanos.* Curitiba: Instituto Memória 2019.

ELY, John Hart. *Democracia de desconfiança.* São Paulo: Martins Fontes, 2010.

GARCÍA-SAYÀN, Diego. La Protección internacional de los derechos políticos em el contexto interamericano: la Carta Democrática Interamericana. *Revista IIDH*, n. 42, 2005.

KADELBACH, Stefan. *Jus cogens*, Obligations Erga Omnes and other Rules – the identification of fundamental norms. In: Tomuschat, Christian e Thouvenin, Jean-Marc (ed.). *The Fundamental Rules of International Legal Order.* Leiden, Boston: Martinus Nijhoff, 2006, p. 21.

KELSEN, Hans. Théorie du Droit International Public. *Recueil de Cours de L'Académie de Droit International*, tomo 84, 1953.

KOSKENNIEMI, Martti. The gentle civilizer of nations: the rise and the fall of International Law 1870-1960. Cambridge: Cambridge University Press, 2001, p. 51.

MAC-GREGOR, Eduardo Ferrer. El control difuso de convencionalidad en el estado constitucional. Disponível em: <https://archivos.juridicas.unam.mx/www/bjv/libros/6/2873/9.pdf>.

MOREIRA, Gabriel Boff. A política regional da Venezuela entre 1999 e 2012: Petróleo, integração e relações com o Brasil. Brasília. Fundação Alexandre de Gusmão, 2017.

GOMÉZ, Silvia Haydée Sánchez. *Los Estados y la denuncia a la Convención Americana de Derechos Humanos:* Los casos de Trinidad y Tobago, Perú y

Venezuela. Orientadora: Florabel Quispe Remón. 2015. 131 f. Dissertação (Maestría en Derecho Público) – Universidad Carlos III de Madrid, Madrid, 2015. Disponível em: <https://core.ac.uk/download/pdf/44310705.pdf>. Acesso em: 28 jun. 2020.

GUERRA, Sidney. *O Sistema interamericana de proteção dos Direitos Humanos e o controle de convencionalidade.* Curitiba: Instituto Memória, 2019.

_____. A proteção internacional dos direitos humanos no âmbito da corte interamericana e o controle de convencionalidade. *Nomos (Fortaleza), v. 32.2*, p. 341-366, 2012.

LEGALE, Siddharta. *A Corte Interamericana de Direitos Humanos como Tribunal Constitucional.* Rio de Janeiro: Lumen Juris, 2019.

_____.; VASCONCELOS, Raphael; VAL, Eduardo Manuel; GUERRA, Sidney (Orgs). *Comentários à convenção americana de direitos humanos: Pacto de São José da Costa Rica.* Curitiba: Instituto Memória, 2019.

_____. La Constitución Interamericana: los 50 años de la Convención Americana de Derechos Humanos en la jurisprudencia de la Corte Interamericana de Direitos Humanos. *XLVI Curso de Direito Internacional da OEA*, 2019. Disponível em: <http://www.oas.org/es/sla/ddi/publicaciones_digital_XLVi_curso_der echo_internacional_2019.asp>.

_____.; VAL, Eduardo Manuel. As mutações convencionais do acesso à justiça internacional e a Corte Interamericana de Direitos Humanos. In: VAL, Eduardo Manuel; BONILLA, Haideer Miranda (Org.). *Direitos humanos, direito internacional e direito constitucional: judicialização, processo e sistemas de proteção* I. 1ed. Florianópolis: CONPEDI, 2017, p. 83-108. Disponível em: < https://www.academia.edu/35764630/As_muta%C3%A7%C3%B5es_c onvencionais_do_acesso_%C3%A0_justi%C3%A7a_internacional_e_a_ Corte_Interamericana_de_Direitos_Humanos_-_CONPEDI_COSTA_RICA>.

_____.; SOUSA, Adriano Correa de. Asilo político: uma proposta alternativa sob a ótica constitucional. *Revista de Direito dos Monitores da Universidade Federal Fluminense*, v. 1, 2008.

MARINONI, Luiz Guilherme; MAZZUOLI, Valério de Oliveira (Orgs.). *Controle de Convencionalidade*. Brasília: Gazeta Jurídica e ABDPC, 2013.

MAZZUOLI, Valério. *Comentários à Convenção Americana sobre Direitos Humanos – Pacto de São José da Costa Rica*. São Paulo: Editora Revista dos Tribunais, 2013.

_____. *Os sistemas regionais de proteção dos direitos humanos*. São Paulo: Editora Revista dos Tribunais, 2011.

NIKKEN, Pedro. *La protección internacional de los Derechos Humanos y su Desarrollo Progresivo*. Madrid: IIDH, 1987.

PARASSRAM CONCEPCIÓN, Natasha. The legal implications of Trinidad & Tobago's withdrawal from the American Convention of Human Rights, *American University International Law Review,* Volume 16, Issue 3, 2001.

PELLET, Alain. The Normative Dilemma: Will and Consent in International Law-Making. *Australian Year Book of International Law,* Canberra, pp. 22-53, 1988.

RAMIREZ, Manuel Becerra. *El control de la aplicación del derecho internacional. En el marco del Estado de derecho*. México, UNAM, 2013.

SAINZ BORGO, Juan Carlos. Denuncia de la Convención Americana de Derechos Humanos. Una revisión a partir de tres intentos. In: Joaquín González Ibáñez (Org) *Protección Internacional de Derechos Humanos y Estado de Derecho. Bogotá:* Grupo editorial Ibáñez, 2009.

TERRILE, Ricardo Alejandro. *Estado constitucional y convencional de derecho*. E-book Kindle, 2017.

TOMUSCHAT, Christian. Obligations arising for states without or against their will. *Recueil des cours*, vol. 241 (1993-IV), pp. 195-374.

VELASCO VALLEJO, Manuel Diez de. *Instituciones De Derecho Internacional Publico*. 18ª Edição. Madrid: Tecnos, 2013, p. 106. PELLET, Alain. Conclusions. In: Tomuschat, Christian e Thouvenin, Jean-Marc (ed.). *The Fundamental Rules of International Legal Order*. Leiden, Boston: Martinus Nijhoff, 2006, capítulo XIX, p. 417.

74

CASOS E ANÁLISES NA CASOTECA DO NIDH – UFRJ

BARRETO, Rafael Zelesco. A Opinião Consultiva n. 02/82 da Corte IDH: as reservas à Convenção Americana de Direitos Humanos. *Casoteca do NIDH-UFRJ.* Disponível em: <https://nidh.com.br/a-opiniao-consultiva-n-02-82-da-corte-idh-as-reservas-a-convencao-americana-de-direitos-humanos>.

CAUSANILHAS, Tayara. Ivcher Bronstein vs. Peru (2001). *Casoteca do NIDH* - UFRJ. Disponível em: <https://nidh.com.br/?p=6749&preview=true>.

CITTADINO, Rodrigo Cerveira. A Opinião Consultiva n. 03/83 da Corte Interamericana de Direitos Humanos: polêmica jurisdicional e repúdio à pena de morte. *Casoteca do NIDH - UFRJ.* Disponível em: <https://nidh.com.br/a-opiniao-consultiva-n-03-83-da-corte-interamericana-polemica-jurisdicional-e-repudio-a-pena-de-morte/>.

CERQUEIRA, Cláudio. A Opinião Consultiva n. 10/89 da Corte IDH: a força da Declaração Americana de Direitos e Deveres do Homem. *Casoteca do NIDH – UFRJ.* Disponível em: <https://nidh.com.br/a-opiniao-consultiva-n-10-da-corte-idh-a-forca-da-declaracao-americana-de-direitos-e-deveres-do-homem/>.

LEGALE, Siddharta. Tribunal Constitucional vs. Peru (2001*). Casoteca do NIDH* - UFRJ. Disponível em: <https://nidh.com.br/?p=6744&preview=true>.

SÁ, Maria Carolina Ribeiro de. LÓPEZ SOTO E OUTROS VS. VENEUELA (2018). *Casoteca do NIDH – UFRJ.* Disponível em: <https://nidh.com.br/Lópezsoto/>.

SARDINHA, Danilo. Hilaire, Cosntantine e Benjamin e outros vs. Trinidad e Tobago (2002). *Casoteca do NIDH - UFRJ.* Disponível em: <https://nidh.com.br/hilaire/>.

VITÓRIA, Ângela; PÊGAS, Lucas. Barrios Altos vs. Peru (2001): as origens do controle de convencionalidade. *Casoteca do NIDH – UFRJ*. Disponível em: <https://nidh.com.br/barrios-altos-vs-peru-2001-as-origens-do-controle-de-convencionalidade/>.

Corte IDH, Caso Velásquez Rodríguez vs. Honduras. Mérito, Sentença de 29 de julho de 1988. Disponível em: <http://www.corteidh.or.cr/docs/casos/articulos/seriec_04_por.pdf>.

Corte IDH, Caso Tribunal Constitucional vs. Peru, Competência. Sentença de 24 de setembro de 1999. Disponível em: <http://www.corteidh.or.cr/docs/casos/articulos/Seriec_71_esp.pdf>.

Corte IDH, Caso Ivcher Bronstein vs. Peru, Competência. Sentença de 24 de setembro de 1999. Disponível em: <https://www.corteidh.or.cr/docs/casos/articulos/Seriec_74_esp.pdf>.

Corte IDH. Caso Hilaire, Constantine y Benjamin y otros vs. Trinidad y Tobago. Fondo, Reparaciones y Costas. Sentencia de 21 de junio de 2002. Serie C No. 94. Disponível em: <http://www.corteidh.or.cr/cf/Jurisprudencia2/index.cfm?lang=es>.

Corte IDH. Caso Díaz Peña vs. Venezuela. Disponível em: <http://corteidh.or.cr/docs/casos/articulos/seriec_244_esp.pdf>.

Corte IDH. Caso López Soto e Outros vs. Venezuela. Disponível em: <https://www.corteidh.or.cr/docs/casos/articulos/resumen_362_esp.pdf>.